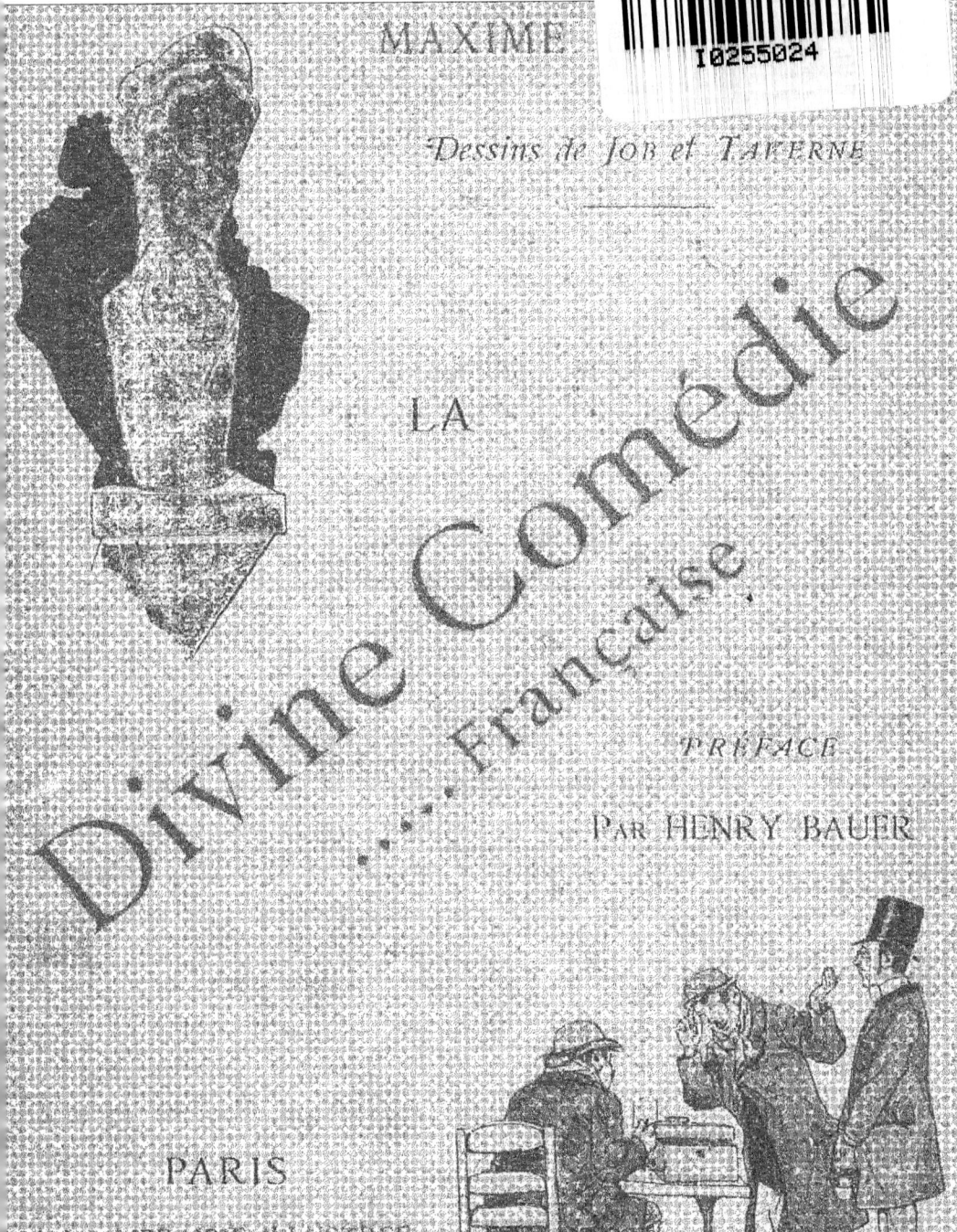

MAXIME

Dessins de JOB et TAVERNE

LA
Divine Comédie
Française

PRÉFACE
Par HENRY BAUER

PARIS
A LA LIBRAIRIE ILLUSTRÉE
7, RUE DU CROISSANT, 7

LA DIVINE

Comédie... Française

Il a été tiré de cet ouvrage :

    2 Exemplaires sur Hollande.
    1 Exemplaire sur Japon.

Imprimerie de la Vie Moderne.
Hôtel de la Vie Moderne, 14, rue Duperré.

MAXIME BOUCHERON

LA DIVINE Comédie ...française

Dessins de Job et G. Taverne

PRÉFACE DE HENRY BAUER

PARIS
A LA LIBRAIRIE ILLUSTRÉE
7, rue du Croissant, 7

A

MON AMI

Georges **CHALAMET**

TABLE DES MATIÈRES

I. AU COMITÉ DE LECTURE. 1
II. MONSIEUR L'ADMINISTRATEUR GÉNÉRAL . 21
III. CHEZ BODINIER 37
IV. CHEZ MONVAL.. 51
V. LE FOYER DES ARTISTES. 67
VI. LE MUSÉE DE LA COMÉDIE-FRANÇAISE. . 87
VII. PLACE AU THÉATRE 113
VIII. LA MUSIQUE AU THÉATRE-FRANÇAIS . . 173
IX. SA MAJESTÉ LE PUBLIC 197
X. EN COMITÉ. 233
XI. REVUE DE LA TROUPE 253

PRÉFACE

Vous me demandez, mon cher Boucheron, d'ajouter mon mot au début du volume, tout plein de fines observations et de renseignements précieux, que vous dévouez à la Comédie-Française ; vous estimez qu'il est nécessaire de commencer par le raisonnement, là où vous mettez tant de bonhommie railleuse. Il vous plait que je sois votre préfacier, et la tâche m'a paru nouvelle, qui m'ôte au traintrain journalier de la chronique. Vous n'attendez pas que je célèbre votre ouvrage et le recommande au public, lequel n'a pas besoin de conseilleur et vous jugera en dernier ressort par le seul plaisir qu'il éprouvera à vous lire.

J'aime mieux causer avec vous d'un sujet primordial, puisque la conservation, la gloire, les destinées du théâtre français en dépendent : il s'agit du répertoire.

II

C'est tout à la fois la clef de voûte et les fondations de l'édifice ; il est sa raison d'être, son salut aux heures de crise, son honneur aux jours de prospérité. Assurément, il est beau d'avoir montré à notre génération Sarah Bernhardt, Coquelin et Delaunay, il est nécessaire de nous laisser Got, Reichemberg, Bartet, Worms, Mounet-Sully, Baretta, etc., mais le talent de ces artistes et de tous ceux dont le nom ne vient pas sous ma plume, resterait infécond, s'il n'était employé à ce fonds nourricier qui les retrempe et les rajeunit sans cesse.

Jamais nous ne sommes plus profondément pénétrés de l'altière et sereine beauté des maitres classiques, qu'après un long temps consumé dans les jeux fructueux des « pœtœ minores » de la modernité. Il me souvient qu'il y a quelques mois, il nous fut donné d'écouter en une même soirée « Andromaque » et le Malade imaginaire ». C'était une fête extraordinaire de « retrouver réunis, sur la scène du Théâtre-Français, Racine et Molière ; nous y primes un plaisir infini. Il y avait si longtemps que nous n'avions entendu ces vers si parfaits, si humains, et la tragédie, d'une psychologie intense, d'une analyse puissante, nous passionna et nous ravit.

Elle semblait revivre devant nous comme une amie dont la vague image de beauté est seule restée dans la mémoire et qui revient nous frapper d'admiration par sa jeunesse éternelle et son éclat impérissable. Quel plaisir ensuite d'être gagné par le sublime rire de Molière, ce rire mouil· de larmes, amer d'idéal inassouvi, puissant d'indignation et de mépris contre les lâchetés et les sottises humaines. De même, les interprètes, déshabitués du beau langage et des hautes conceptions, clapotant dans les ornières marécageuses où coassent tous les batraciens académiques de la famille de Scribe, se retrempent aux sources vives et fraîches des maîtres classiques comme un métal vert-de-grisé dans un bain d'or pur.

Mais, justement, le répertoire est ce qui manque le plus à la Comédie-Française ; les représentations vont de ci, de là, au hasard, sans dessein arrêté, quêtant surtout la grosse recette. Quand la pièce est trouvée, qui emplit chaque soir la caisse, l'administration s'y tient jusqu'à ce que les clients s'en lassent. Alors, nouveaux errements et tâtonnements. Cependant, le peplum et le cothurne se couvrent de poussière dans le magasin aux asseccoires

Cet abandon de Racine, de Corneille, de Molière, de Marivaux est quelque chose d'indigne et de triste. A Londres, il ne passe pas de semaine sans qu'on donne du Shakespeare sur quelque théâtre, à la satisfaction de tous ; les scènes des plus petites villes d'Allemagne ne se lassent point de représenter les drames de Schiller. Or, cet hiver, j'eus la visite d'un étranger Américain, très lettré, qui me pria de l'accompagner au Théâtre-Français, à une représentation de « Phèdre ». Je lui répondis qu'on ne donnait point cette tragédie en ce moment, et que je ne savais pas quand elle serait reprise.

Un peu étonné, il me demanda quel jour il pourrait

entendre soit « Horace, » soit « Cinna. » — On ne les donne pas non plus. — Au moins, me sera-t-il permis d'assister au « Misanthrope » ? reprit l'étranger de plus en plus surpris... Je fis un signe de dénégation. Comment, s'écria-t-il, vous avez un théâtre qui passe pour le premier du monde, un théâtre subventionné et surveillé par l'Etat ; vous êtes fiers de vos comédiens renommés, et un étranger de passage à Paris n'a pas la satisfaction de voir sur la scène ni Racine, ni Corneille, ni Molière ?

Quel étrange peuple vous êtes ! tout en prétendant à la culture intellectuelle et au goût artistique, vous raillez notre industrialisme. Assurément, vous êtes plus marchands que mes compatriotes. Ils applaudissent vos chefs-d'œuvre, quand vous les méprisez et les désertez. Ah ! si nous avions la rare fortune d'un auteur de génie, je vous jure qu'un Parisien en pourrait, à toute époque, goûter les ouvrages sur les scènes de théâtres de Nevo-York.

Je laissai mon interlocuteur aller son train ; pouvais-je donc lui répondre : « nos comédiens qui se targuent, sans doute à bon droit, d'être les premiers de leur art, ne rougissent point d'affirmer qu'ils sont incapables de jouer les tragiques et certains comiques. Mais la vraie raison pour que nous n'entendions ni Phèdre, ni le Cid, ni l'homme aux rubans verts, ni le Don Juan, c'est qu'ils ne « font pas d'argent. »

Durant la première moitié de ce siècle, les sociétaires plaçaient au-dessus de toute autre considération, l'honneur de leur rang et de leur maison. Ils regardaient, sans envie, es acteurs des théâtres du boulevard parvenir aux gros appointements. Autant par leur désintéressement que par leur talent, ils tenaient une place justement honorée au-dessus de l'armée du théâtre, et s'en contentaient. De nouvelles mœurs ont été introduites, qui mettent, avant le maintien du répertoire et le respect des grandes traditions d'art, le rapport de la part annuelle. Du moment que nos gens ne touchent pas leurs quarante mille livres de rente, ils pleurent misère, ils se plaignent d'être et déshérités.

Pour eux, le meilleur administrateur est le plus habile à battre monnaie. Aussi, donne-t-on sans désemparer « Adrienne Lecouvreur, » ou bien l'auteur qui fait recette trois fois par semaine, et se détourne-t-on dédaigneusement des classiques. Que j'applaudirais l'impresario intelligent, qui rassemblant en une même scène tous les artistes éloignés ou écartés, apprendrait aux sociétaires de la Comédie et à son Directeur, comment on attire la foule aux chefs-d'œuvre classiques ! Ce serait une leçon méritée.

Il serait si facile de composer un répertoire varié, intéressant, comprenant les génies dramatiques de notre littérature à toutes les époques, un répertoire qui serait constamment à l'ordre du soir, occuperait la place essentielle et reparaitrait sans cesse sur l'affiche. N'y a-t-il pas une floraison assez vaste d'ouvrages sur cette scène, où pourraient être réunis, à côté des maitres anciens, les meilleurs des auteurs contemporains, où passeraient et repasseraient à côté de Racine, de Corneille, de Molière, de Marivaux, de

Beaumarchais, de Régnard, et Victor Hugo, et les deux Dumas, et Musset, et Augier, et Henri Becque, et Vacquerie, et Sardou, et Meilhac et Halévy, et Labiche, et Banville, et tous ceux qui, dans leur forme, ont créé un morceau d'art original, car il n'est point de classification dans le beau, ni de degrés dans le médiocre ; le comique n'est pas au-dessus du pathétique et les larmes ne sont pas plus méprisables que le rire. Ce qui est à mépriser, à repousser sans cesse, c'est le plat et le vulgaire, l'artifice et la convention, la grossièreté du style et la banalité de la pensée. — Honneur à qui sifflera la prochaine reprise de Scribe !

Henry Bauer.

LA DIVINE COMÉDIE

AU COMITÉ DE LECTURE

L'arrivée du coupable. — Emotions en partie double. — MM. les deux membres de la commission d'examen. — Un palier redoutable. — La *Rachel* de Gérôme. — Groupes sympathiques. — La tournée de Picard. — Un administrateur général et réconfortant. — En trop petit comité. — A qui le rôle ? — Types de lecteurs. — Tics d'auditeurs. — Les angoisses de l'attente. — Tentatives d'effraction. — « Sociétaires du Théâtre-Français, délibérez en paix ! » — Le vote : réception, correction ou blackboulage ! — Une mission cruelle. — Les consolations de M. Jules Claretie. — Désespoirs en tous genres. — Encore la *Rachel* de Gérôme ! — Une dernière ressource. — Cocher, à l'Odéon !

L'auteur arrive :

Comme chez lui, s'il est académicien ;

Emu, troublé, s'il ne l'est pas encore ;

Tout à fait affolé et grelottant la peur s'il ne doit jamais l'être.

Prenons-le, si vous voulez, dans cette dernière catégorie.

Il ne cherche même pas à faire bonne contenance, et c'est d'un pas mal assuré qu'il gravit les deux étages conduisant chez M. l'administrateur général.

Quelle tempête sous ce pauvre crâne de poète !

Cette épreuve qu'il va subir est pourtant un premier triomphe.

Voilà tantôt quatre ans qu'il présente vainement ses manuscrits chez Molière : toujours des refus sévèrement motivés quoique formulés avec courtoisie par les deux examinateurs assermentés desquels dépend l'admission... au Comité de lecture.

Deux hommes charmants, ces examinateurs.

L'un, M. Adrien Decourcelle, est un auteur dramatique très apprécié ; l'autre, M. Lavoix, numismate distingué (comme tous les numismates), est un lettré très au fait du répertoire de la Comédie.

Aussi notre auteur se dit-il que, quoi qu'il arrive devant le comité de lecture, il lui restera toujours la satisfaction d'avoir cessé de déplaire à MM. les deux membres de la « Commission d'examen ».

Cela lui rappelle la première épreuve du baccalauréat.

*
* *

Ouf!...

Le voilà sur le palier.

La *Rachel* de Gérôme, naturellement maussade, lui semble plus refrognée que d'habitude.

Il tombe au milieu d'un groupe sympathique: cinq ou six de ses juges causant, avant de sié-

ger, de la pluie et du beau temps.

Heureuse indépendance!...

Echange de poignées de mains. Ils n'ont pas

l'air bien terrible, ces braves sociétaires. Quand il a fait ses visites — car il est allé les voir à domicile comme de simples Immortels — il les a déjà trouvés fort aimables.

Puissent-ils tout à l'heure lui laisser encore cette excellente impression !

* * *

Mais l'administrateur général l'attend.

En se rendant près de lui, il se heurte à Picard, le modèle des huissiers de Comédie, qui, plein de sollicitude, lui demande :

— Que voulez-vous boire ?

La question déconcerte tout d'abord l'auteur : le moment lui semble singulièrement choisi pour une politesse de cette nature.

Picard voit la méprise :

— Monsieur se trompe... Je ne me permettrais pas de lui offrir une tournée. Seulement, je voulais savoir s'il faut mettre du kirsch, du rhum, du cognac dans le verre d'eau, ou si Monsieur préfère boire autre chose en lisant.

Tout s'explique. Le lecteur a droit à une consommation. Messieurs du Comité font bien les choses !

AU COMITÉ DE LECTURE

Une fois renseigné sur les préférences du patient, Picard prépare le breuvage avec sollicitude.

Brave et digne serviteur! Il compatit aux angoisses de l'écrivain.

Il en a tant vu de ces jeunes poètes, tremblants comme la feuille, ou de ces vieux auteurs

que vingt ans de succès n'ont point affermis! Il les plaint, même ceux dont la destinée semble le plus enviable et répète bien souvent, lui, l'observateur sagace des vanités et des déceptions littéraires :

— On me paierait pour être académicien, que je ne voudrais pas.

*
* *

Claretie est charmant, pour commencer.

Dans une petite entrevue préalable avec le patient, il a su lui donner, comme on dit, un peu de cœur au ventre : les sociétaires ne sont pas des ogres, et c'est avec le désir bien vif de recevoir la pièce qu'ils vont en entendre la lecture. On est si heureux, dans la maison, lorsqu'on peut accueillir la première œuvre d'un poète! etc. etc.

Aussi, l'auteur, réconforté par ces bonnes et cordiales paroles, entre-t-il d'un pas ferme dans la pièce voisine...

*
* *

C'est ici.

L'appareil n'a rien d'effrayant. Le local consacré, formant l'angle de la place et de la rue de Richelieu, est magnifiquement éclairé par quatre énormes fenêtres, deux au midi, deux à l'ouest.

Sur tous les murs, des tableaux rappelant

certaines scènes du vieux répertoire et parmi lesquels se détache un fort beau portrait d'Alfred de Musset.

MM. les sociétaires sont là.

C'était encore, il y a peu de temps, leur réunion plénière qui formait le Comité de lecture.

Depuis, cette organisation, conforme à la lettre et à l'esprit du décret de Moscou, a été modifiée.

Actuellement le tribunal littéraire et artistique devant lequel comparaissent les maîtres du théâtre, les Dumas, les Augier, les Feuillet, les Sardou, les Gondinet, les Meilhac et les Pailleron se compose tout simplement des membres du comité d'administration, auxquels un décret spécial a adjoint M. Got, particulièrement honoré comme doyen.

Le principal désavantage de ce Comité sur le précédent, c'est que, comprenant *sept comédiens* au lieu de *douze*, il peut voir ses décisions plus facilement influencées par certaines considérations personnelles.

En veut-on une preuve ?

L'auteur d'une comédie en cinq actes reçue par l'ancien Comité avait lu son œuvre en donnant instinctivement, au principal personnage, les intonations familières à M. Got.

Cela déplut à deux notables sociétaires qui estimaient que le rôle en question pouvait leur convenir tout autant qu'au doyen.

Persuadés, non sans raison d'ailleurs que ce dernier l'obtiendrait, ils s'opposèrent à la réception, qui fut néanmoins votée par *dix* voix contre *deux*.

Croit-on que cette opposition systématique eût été aussi *heureusement* impuissante dans le *Conseil des Sept* ?

*
* *

En séance !

M. Jules Claretie, administrateur général, préside, ayant à sa droite le doyen, M. Got.

Viennent ensuite, par ordre de promotion, les autres sociétaires. Toutefois, les indisciplinés ont le droit de s'éparpiller, ici et là, dans les coins ou sur le canapé.

Quant à l'auteur, il est en bout de table, comme le quatorzième d'un dîner prié, faisant face à ses auditeurs.

Une seule chose le trouble, c'est la vue d'un

satané tableau représentant l'agonie de Talma.

La reproduction de ce lamentable fait-divers historique ne laisse pas que d'influencer péniblement ceux qui ont une pièce gaie à lire.

**

M. Claretie vient de donner la parole à l'auteur.

Ce dernier trempe ses lèvres dans le grog qui lui vient de Picard; il tousse ; il va lire, il lit...

Voilà, certes, la plus grande difficulté de sa tâche : lire devant les premiers diseurs du monde : quelle témérité n'est pas la sienne !

Pendant le premier acte, les angoisses de l'homme de lettres disparaissent devant l'émotion du comédien improvisé.

Comédien... il faut bien qu'il le soit pour se faire écouter.

La plupart des maîtres font même à ce point de vue l'admiration des juges ordinaires de la rue Richelieu.

Tous sont bons lecteurs.

Sans parler de M. Legouvé, dont le charme et la séduction sont incomparables, on cite, entre vieux comédiens, l'autorité olympienne avec laquelle M. Emile Augier débite ses chefs-d'œuvre et la perfection suprême qu'apporte M. Octave Feuillet dans l'exposition de ses scènes principales, qu'elles soient gaies ou dramatiques ; M. Alexandre Dumas, avec sa diction nette et mordante, donne à ses grandes tirades une maestria que l'interprète lui-même ne dépassera pas ; M. Gondinet, après avoir commencé sur un ton paterne, s'échauffe dès la troisième scène et mène sa pièce jusqu'au dénouement d'un train de méridional ; M. Pailleron est irrésistible dans les parties comiques, et, forçant les bravos, se fait un jeu de contraindre les comédiens à sortir de l'impassibilité que comporte la majesté de leur pontificat ; quant à M. Victorien Sardou il est, on le sait, un des premiers et des plus complets artistes dramatiques de son époque.

M. Becque mérite une mention particulière, car, non content de jouer avec beaucoup de talent les divers rôles de ses incomparables comédies satiriques, il trouve encore le moyen d'être son propre public et de se donner à lui-même le signal des applaudissements.

M. Jean Richepin retrouve dans ce petit salon, le succès qu'il obtint à la Porte-Saint-

Martin en jouant le principal rôle de son *Nana-Sahib*.

Enfin, il faut encore signaler, comme merveilleux traducteur du fruit de ses propres veilles, M. Jean Aicard, qui, aux bons endroits, laisse tomber son manuscrit comme d'un mouvement irréfléchi et, transfiguré, l'œil étincelant, la chevelure désordonnée, se dresse aux yeux éblouis de l'assistance en déclamant, de mémoire, ses plus fougueux alexandrins.

L'effet de ce coup de théâtre est absolument infaillible sur un parterre de comédiens.

*
* *

La façon d'écouter n'est pas moins variée chez les uns que la manière de lire chez les autres.

On se rappelle le mot célèbre de Samson répondant à un auteur qui lui reprochait aigrement d'avoir dormi :

— Monsieur, le sommeil est une opinion.

En général, et surtout depuis que les femmes sociétaires ne siègent plus, l'attitude des auditeurs est d'une correction absolue.

Esclave de sa réputation de bourru bienfaisant, le doyen actuel prend l'air soucieux qu'il garde en faisant son cours au Conservatoire ; M. Maubant est tout oreilles ; M. Worms fait bonne contenance ; M. Coquelin aîné, lorsque par hasard il était là, regardait sa montre à l'instar d'un homme qui voudrait bien être ailleurs ; M. Barré s'amuse comme s'il avait payé sa place ; M. Febvre s'ennuie volontiers et ne s'en cache guère ; M. Laroche et M. Prud'hon restent impassibles comme des sphinx ; M. Mounet-Sully dessine pour se distraire ; M. Silvain couve l'auteur d'un regard bienveillant ; M. Thiron, la lèvre railleuse et l'œil pétillant de malice, semble toujours vouloir placer un mot cruel, et M. Coquelin cadet, abîmé dans une sorte d'ahurissement, regarde l'auteur en se demandant comment un homme ose si longtemps parler tout seul en sa présence, à lui, le roi du monologue.

Si maîtresse d'elle-même que soit cette assemblée, il lui arrive parfois de trahir ses impressions négatives.

Dans certains cas, l'auteur, ayant le bon sens de s'en apercevoir, s'arrête au second acte; pour le récompenser de cette preuve de tact, on lui évite le chagrin du refus officiel : la lecture est considérée comme *n'ayant pas encore eu lieu*.

*
* *

Mais négligeons cette circonstance très exceptionnelle.

La lecture terminée, nulle manifestation ne doit se produire.

On ne s'avise pas, bien entendu, de discuter

avec l'auteur, qui est conduit dans le cabinet de M. Claretie, séparé du salon de lecture par une double porte que l'on ferme à quadruple tour, le premier soin de cet être anxieux étant, une fois seul, de chercher à entendre la discussion dont il est l'objet.

Quelques-uns essaient même d'ouvrir avec toutes les clefs qu'ils ont sur eux.

L'un d'eux — ne le nommons pas par égard pour sa famille dont le nom patronymique commence par un D..., — parvint, il y a deux ou trois ans, à forcer la première porte à l'aide d'une *pince-monseigneur* que Picard retrouva le lendemain sous un fauteuil.

**
* **

Tandis qu'à trois pas, un infortuné est en proie aux affres de l'incertitude, les membres du Comité délibèrent en paix.

La discussion est rapide. On évite, par humanité, de la prolonger outre mesure, et d'ailleurs l'opinion de chacun est absolument faite.

En vertu d'une tradition assez touchante, c'est le doyen qui, l'auteur parti, prend le premier la parole.

L'administrateur général, au contraire, ne parle qu'en dernier après avoir bien constaté que personne n'a plus d'observations à présenter.

Puis, on procède au vote, chacun signant son bulletin en motivant sa décision.

Laissons de côté les cas de réception où tout se passe en effusions banales entremêlées de critiques de détail dont l'auteur promet toujours de tenir compte, avant les répétitions; mentionnons pour mémoire les réceptions à corrections qui sont plus sérieuses qu'on ne pense (exemples : *La Fille de Roland* et *Les Corbeaux*) et arrivons au refus sans phrases.

**
* **

. . . .
C'est une scène lamentable.

M. Jules Claretie, auquel incombe la douloureuse mission de notifier le refus à l'auteur, a trouvé ce malheureux tapi à l'extrémité d'un immense canapé.

Le désespoir du blackboulé est silencieux ou véhément, farouche ou expansif, mais toujours profond.

Vainement, l'administrateur, généreux autant que général, lui prodigue les bonnes paroles, les éloges, et lui prédit le plus bel avenir en affirmant que certaines chutes relèvent.

L'infortuné poète, momentanément frappé à mort, ne veut pas être consolé, même par cet homme qui console si bien.

Comment sort-il de ce cabinet directorial? Comment descend-t-il le terrible escalier que domine la tragédienne au front bombé comme un globe de pendule? Comment traverse-t-il la cohue des gens qui viennent accabler l'intègre Bodi-

nier de demandes de places ? Comment se retrouve-t-il dans la rue, sous la pluie (il pleut toujours dans ces moments-là)? Comment rentre-t-il ensuite chez lui, pleurant et désespéré ?...

C'est ce qu'il ne saura jamais car, au milieu de ce grand déchirement d'une âme et d'un manuscrit, il n'a gardé que le souvenir d'une voix compatissante, la voix du bon Picard lui murmurant à l'oreille :
— Courage !... il vous reste l'Odéon.

II

MONSIEUR L'ADMINISTRATEUR GÉNÉRAL

Portrait peu sévère mais juste. — *Monsieur le Ministre* au pouvoir. — Comment Émile Perrin devint directeur de l'Opéra-Comique. — Erreur providentielle. — Un tribut nécessaire. — La tâche d'un administrateur trop général. — Le maître Jacques de la rue Richelieu. — Littérature, beaux-arts, mise en scène et mathématiques spéciales. — La journée de M. Jules Claretie. — Courrier à domicile. — Courrier au théâtre. — Le flot des réclamations. — Deux répétitions pour une. — De tout un peu. — Réceptions variées. — Dîner problématique. — La soirée au théâtre. — M. le Président général de la Comédie des gens de Lettres.

« Monsieur l'Administrateur général », c'est l'auteur de *Monsieur le Ministre*, c'est-à-dire un véritable homme de théâtre, un auteur applaudi, doublé d'un romancier en vogue, d'un écrivain dont le talent s'est affirmé dans le journal ou par le livre, avec la persistance des succès de bon aloi.

Quand j'aurai ajouté que le très sympathique successeur d'Emile Perrin est un directeur aimable et accueillant, également dédaigneux de cette morgue administrative, de cette affectation d'activité bureaucratique qui, chez les gens en place, paraissent trop souvent exclure la bonne grâce et la politesse ; quand j'aurai dit, enfin, que cet homme de cœur et de talent inspire fréquemment l'amitié, impose toujours l'estime, il me semble que le portrait sera mis au point, et que j'aurai suffisamment désigné M. Jules Claretie.

*
* *

Il y a, qu'on le sache bien, quelque abnégation pour un homme de lettres, pour un artiste en pleine lutte, en pleine exploitation militante de son talent, à interrompre brusquement une carrière heureuse, à renoncer aux grandes consécrations de l'avenir, pour ne plus donner son temps, son activité, son intelligence qu'à l'administration d'une grande scène théâtrale, si importante qu'elle soit.

Que l'on ne vienne point nous opposer l'exemple des hommes fort distingués qui ont précédé M. Jules Claretie dans le cabinet directorial de la rue Richelieu !

Sans remonter au-delà de ses deux prédécesseurs immédiats, je ne retrouve pas, dans eur cas, le même esprit de sacrifice.

Le premier, M. Edouard Thierry, bibliothécaire de l'Arsenal, rédigeant encore le feuilleton dramatique du *Moniteur Universel* qu'il hérita de Paul de Saint-Victor, n'eut pas à délaisser une production littéraire de chaque jour pour excercer avec honneur les hautes fonctions qu'il avait reprises, aux Français, des mains du démissionnaire Empis : son œuvre était faite.

Quant à M. Perrin, ex-directeur de la salle Favart et de l'Académie impériale de musique, il y avait presque un quart de siècle qu'il présidait aux destinées de nos grandes scènes subventionnées, lorsque M. Thiers lui confia, après les deux sièges, l'administration générale de la Comédie-Française.

**
* **

A propos d'Emile Perrin, qu'on me permette une petite digression historique.

On ignore assez généralement dans quelles circonstances cet administrateur remarquable, cet artiste aux aptitudes supérieurement équilibrées, aborda une carrière à laquelle il ne se destinait pas.

C'était après la Révolution de 1848.

Émile Perrin et son frère étaient très recommandés au ministère, lui, pour une place de conservateur de musée, le frère pour une direction de théâtre subventionné.

On leur accorda ce qu'ils sollicitaient.

Seulement, par suite d'une permutation de prénoms, ce fut M. Émile Perrin, le peintre estimable, l'élève de Gros et de Delaroche, qui fut placé à la tête de l'Opéra-Comique.

C'est à cette bienheureuse erreur d'un obscur expéditionnaire des bureaux que nous avons dû l'une des meilleures directions de nos trois grands théâtres subventionnés : l'Opéra-Comique, l'Opéra et la Comédie-Française.

Et cette substitution accidentelle fut doublement heureuse, car le frère d'Émile Perrin devint, de son côté, au musée de Rouen, un conservateur de premier ordre.

*
* *

Les tâtonnements inséparables de toute espèce de début ne furent ni longs, ni pénibles pour

M. Claretie.

Certes, on ne se fit pas faute de le discuter tout d'abord et sa qualité d'ancien confrère ne lui valut pas l'ombre d'immunités dans ses premiers rapports avec la presse théâtrale.

C'est une période inévitable, un tribut nécessaire auquel M. Perrin lui-même, arrivant pourtant tout glorieux de ses grands succès à l'Opéra, n'eut pas le privilège de se dérober.

Il ne fallut pas moins de deux ans à l'homme auquel nous devions la représentation inespérée de l'*Africaine*, pour se faire accepter à la Comédie-Française.

On voit que M. Claretie, désormais tranquille et incontesté, aurait mauvaise grâce à se plaindre de la critique et des gens de la maison de Molière, puisqu'il ne rencontre plus, autour de lui comme au dehors, que sympathie et approbation.

La fonction exige d'ailleurs une rare multiplicité d'aptitudes.

Il faut, pour bien l'exercer, un littérateur qui puisse juger, un artiste qui puisse voir, un homme de théâtre qui puisse mettre en scène, un calculateur qui puisse compter.

Le passé du titulaire actuel répondait aux

deux exigences littéraires de ce programme idéal.

D'autre part, l'auteur du *Prince Zilah*, cousin de Jules Dupré, est un peu peintre lui-même, ayant vécu, dès l'enfance, avec les décorateurs sur porcelaine, puis, plus tard parmi ces remarquables artistes qu'on appelle les Chéret, les Lavastre, les Rubé et Chaperon, auxquels on n'assigne pas encore la place qui leur reviendrait, étant donné le grand et beau talent qu'ils déploient dans l'art si difficile de la décoration théâtrale.

Enfin, M. Jules Claretie, ayant tenu les livres chez son père, n'eut pas de peine à produire son petit effet de comptabilité lorsqu'il lut récemment son rapport de fin d'année à MM. les membres du Comité d'administration.

— Vous maniez joliment les chiffres, lui dit M. Mounet-Sully, après la séance.

— Ma foi ! répliqua gaiement l'administrateur général, je ne conseillerais pas à ma blanchisseuse de me faire des comptes d'apothicaire.

* * *

Gageons pourtant que M. Claretie, quelque idée qu'il se soit faite, à l'origine, de sa tâche directoriale, ne soupçonnait pas par quelle somme d'efforts, par quelles exigences laborieuses il serait accaparé.

Le fait est qu'on s'imagine difficilement ce que peut être la journée de M. l'Administrateur général de la Comédie-Française.

Le matin, chez lui, il faut qu'il se réveille pour lire un premier, puis un second courriers, qu'apporte le facteur matinal.

Le dépouillement de ce tombereau de plis cachetés n'est rien moins qu'agréable : « Et ma pièce ?... Et mon engagement ?... Vous m'aviez pourtant promis de lire vous-même et avant qui que ce soit le manuscrit que je vous ai donné... Je vous assure qu'on a dit un mot au ministre... Un tel a dû vous parler de moi, etc. etc. »

Il faudra être au théâtre à midi, *ayant déjeuné*,

comme les employés de certaines administra-
trations publiques.

D'ici là, il faut songer à quelques courses urgentes. Quand les ferait-on, grands Dieux ! si l'on ne profitait de la matinée ?

Vite, aux magasins de décors, boulevard Bineau, au delà de Neuilly !

Puis, il faut encore trouver le temps de passer ici et là, parfois rue de Grenelle, au ministère, souvent aux magasins d'accessoires de l'avenue d'Antin.

Après s'être occupé de choses intéressantes et avoir consacré quinze minutes à son repas, l'homme le plus affairé de Paris tombe, en arrivant à la Comédie, sur un courrier fastidieux de réclamations puériles et deshonnêtes : éventails, lorgnettes, porte-monnaie, gants, jarretières, mouchoirs et porte-cigarettes perdus; protestations contre un changement de spectacle, critiques d'une distribution modifiée, plaintes injustes contre un personnel excellent; demandes de changements sur coupons loués à l'avance, que sais-je ?...

Certaines épîtres sont transmises, pour ordre, à M. Guilloire, inspecteur général de la salle et du matériel, les autres renvoyées à M. Bodinier.

*
* *

On répète...

On répète toujours, au Théâtre-Français, la vieille tradition locale étant de prendre encore plus de peine dans l'après-midi que le soir.

On répète tous les répertoires : le classique, le moderne, l'intermédiaire : Molière et Augier, avec Marivaux en guise de diversion.

On répète malgré les succès prolongés, malgré *Hamlet*, malgré *Francillon*.

On répète généralement; on répète particulièrement; on répète en scène, au foyer; voire, pour un détail de scène à fixer isolément, dans le cabinet même de M. l'Administrateur

Ne doit-on pas assurer à la fois le renouvellement des *lendemains* du spectacle en vogue et la variété des représentations de l'abonnement donner les raccords que nécessite le roulement, du personnel se transmettant les rôles classiques aussi régulièrement que possible ?

Il faut donc, à défaut du don d'ubiquité qui simplifierait sa tâche, que le principal locataire de la maison de Molière circule dans toutes les parties de l'immeuble avec l'activité fébrile de l'homme qui voudrait être partout à la fois.

2.

Cependant, l'antichambre se remplit.

Depuis deux heures, Picard fait de vains efforts pour éconduire les visiteurs qui n'ont qu'une minute « deux au plus » à demander à M. Claretie.

Tous attendent impitoyablement la fin des répétitions.

**

Il est quatre heures.

Avant que M. l'Administrateur général puisse donner audience, il doit s'occuper, avec les chefs de service, de la préparation matérielle des spectacles, faire poser des décors par Devoir, chef machiniste, voir s'ils conviennent, discuter avec Lavastre, Rubé et Chaperon et constater que tout est bien préparé pour la représentation du soir.

Je passe sous silence toute une kyrielle de soins, de préoccupations, englobant de graves questions concernant les détails de mise en œuvre, dans ces attributions multiples où les moindres choses ne sauraient être négligées.

Plus fastidieux encore serait le tableau des visiteurs qui, de cinq à sept, se succèdent dans l'escalier directorial.

C'est un défilé désespérant d'artistes incompris, de poètes méconnus, de grands protecteurs de petites comédiennes, de diseurs de riens, de conteurs de balivernes et de sous-agents administratifs dont le principal tort, sachant que pour une raison ou pour une autre on ne peut toujours les éconduire comme ils le mériteraient, est de prendre le temps et la place de gens plus sérieux.

Malheureusement, situation oblige : il faut accueillir les importuns avec autant d'égards que les visiteurs utiles ou agréables, sous peine de compromettre les traditions locales de politesse et de bonne grâce.

Le type le plus fâcheux est, de beaucoup, l'interviewer à l'américaine.

Depuis que ce système de bas-journalisme, dont le seul avantage a été, jusqu'à présent, de permettre à des camelots sans orthographe de se prendre pour des écrivains, est entré dans les mœurs de la presse, le directeur de la Comé-Française est plus particulièrement victime des interviewers, heureux de gravir le célèbre escalier et d'y voir « les acteurs de près ».

Au lieu de s'en tenir au véritable, à l'intéressant reportage des Pierre Giffard, des Fernand Xau et des quelques hommes de talent qui, lorsqu'un fait en vaut la peine, et seulement dans ces cas-là, mettent toute leur habileté en œuvre pour renseigner leurs lecteurs d'une façon originale ou saisissante, nos pêcheurs à la ligne, lancés à travers Paris, par des inspirateurs qui ont trop d'idées par jour, tombent incessamment chez M. Claretie, pour lui poser de ces questions incongrues dont voici quelques spécimens :

— Hier, le rideau s'est levé lentement sur une parodie de *Francillon* jouée aux Variétés. Mon rédacteur en chef désirerait savoir votre opinion sur cette manière de *blaguer* la solennité avec laquelle tout se passe à la Comédie-Française.

— Un courriériste avait annoncé l'engagement de M. Daubray, à la Comédie-Française; puis ce même courriériste s'est démenti ce matin. Le renseignement était faux. Mon Rédacteur en chef a pensé néanmoins que vous seriez enchanté de saisir cette occasion d'analyser le talent de M. Daubray au point de vue du répertoire classique.

— On reparlé des garanties à exiger de MM. les commis de marchands de billets. Mon Rédacteur en chef, ne pouvant venir lui-même, me délègue pour vous prier de vouloir bien, recueillir, sur un sujet qui relève de l'art contemporain, l'opinion du comité de lecture.

— Une polémique vient de s'engager sur la durée et l'emploi des entr'actes. Mon Rédacteur en chef croit savoir que ses innombrables lecteurs voudraient connaître votre avis personnel sur la nature des consommations qu'il faut prendre au café du théâtre.

— Les balayeurs municipaux ont la déplorable habitude de déposer leurs instruments de travail contre la fontaine Molière. Mon Rédacteur en chef...

Si, perdant patience, M. Claretie s'écrie :
— Votre Rédacteur en chef m'ennuie !...

L'interviewer ne manque pas de lancer une riposte analogue à celle-ci :

— Je vais de ce pas retrouver mon Rédacteur en chef, et lui rendre compte d'un accueil qui l'étonnera beaucoup. Heureusement, Monsieur, il y a des gens plus aimables : avant de venir ici, j'ai pu me procurer de très curieux détails sur les digestions du tigre de Sarah Bernhart.

Dans la soirée les visites se reproduisent, dans de telles proportions parfois, que M. Claretie est obligé de se faire porter absent pour aller suivre la représentation du fond de sa loge d'avant-scène et juger par lui-même de l'effet du spectacle.

*
* *

Simple problème.
Ce qu'il y a de plus extraordinaire, même de

la part d'un homme ayant cette activité physique, cette puissance de travail, c'est que M. Jules Claretie exerce encore avec la même conscience, la même égalité d'humeur, les fonctions de Président de la Société des Gens de Lettres.

Il peut même lui arriver, en cette double qualité, d'avoir à se rendre une visite à lui-

même pour traiter une question d'intérêt littéraire.

Espérons qu'en pareil cas l'entrevue des deux Claretie sera plutôt cordiale.

III

CHEZ BODINIER

Au rendez-vous du Tout-Paris. — Deux mots à Bodinier. — Le monde où l'on cause. — Le modèle du parfait secrétaire. — Les quémandeurs de places. — Souvenir de Verteuil. — Origines mystérieuses. — Laborieuses recherches de Régnier. — Les amours d'Adrienne Lecouvreur. — Dieu le Père. — L'année terrible. — A bas la photographie!. — Le bourru malfaisant. — L'ère de Bodinier.

Un coin où, du matin au soir, passe le Tout-Paris intéressant.

On va *chez Bodinier* comme on va à la Librairie nouvelle : par genre et par plaisir.

Par genre, parce qu'il est bon d'y être vu, l'après-midi, pour prouver qu'on est quelqu'un dans le monde artistique.

Par plaisir, en raison des excellents quarts d'heure qu'on y passe.

*
* *

Sans les dimensions exiguës de l'endroit, je dirais que c'est le dernier salon où l'on bavarde.

Jolies pensionnaires, notabilités du sociéta-

riat, gens du monde, hommes politiques, abonnés du mardi, journalistes et académiciens n'entrent jamais là que pour quelques secondes.....
« deux mots à Bodinier. »

Mais, une fois entrés, tous restent plus ou moins longtemps : ce sont les rencontres, les compliments, les potins échangés, les récits d'une première de la veille, le débinage du dernier succès d'Ohnet au Gymnase, puis les digressions politiques et l'éloge, généralement bien senti, des faits et gestes de M. l'administrateur général.

Des conversations particulières s'engagent à mi-voix, jusqu'au moment où elles se généralisent en une discussion qui devient passionnée lorsque des questions d'amour-propre théâtral sont en jeu.

A plusieurs reprises ces assemblées improvisées se séparent, mais pour se reformer un quart d'heure après, tant est tumultueux le flot des visiteurs.

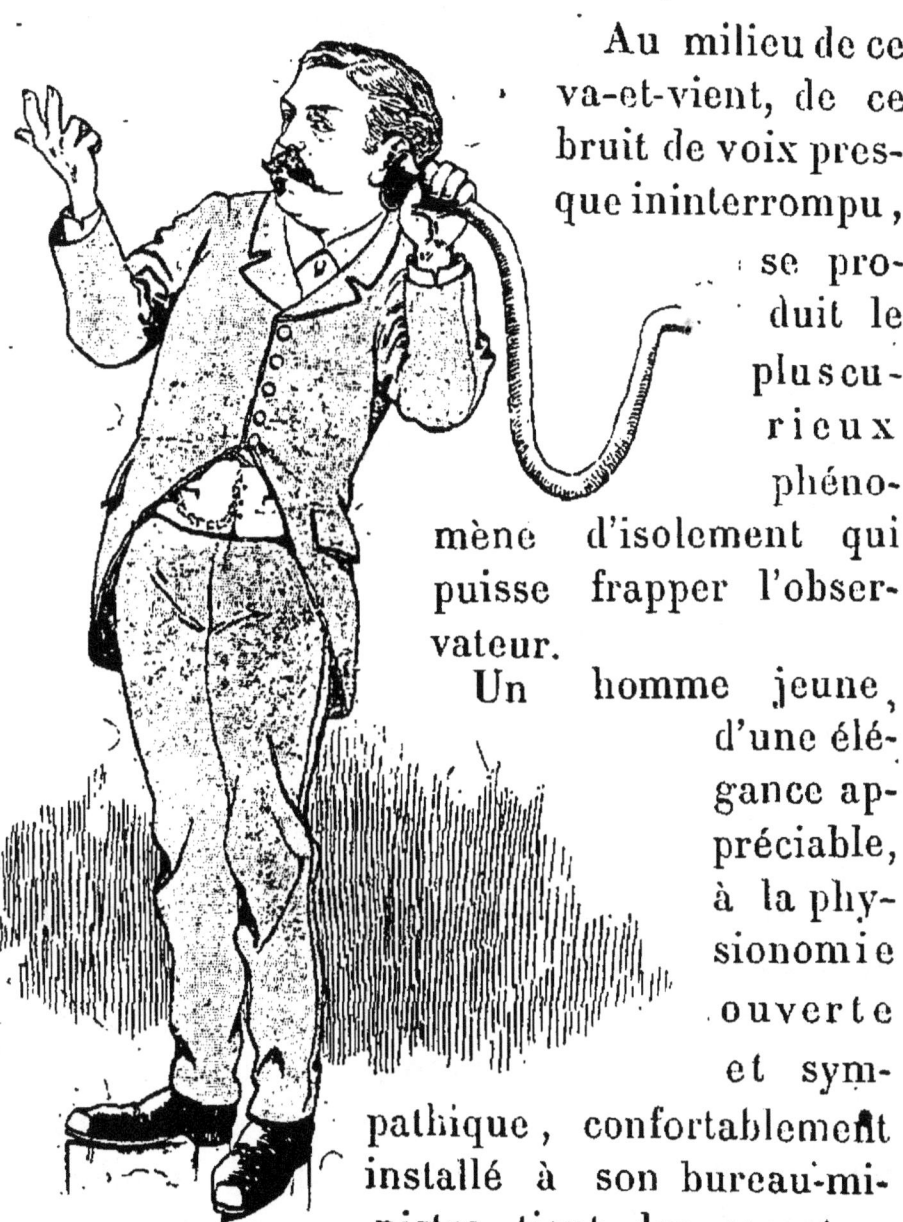

Au milieu de ce va-et-vient, de ce bruit de voix presque ininterrompu, se produit le plus curieux phénomène d'isolement qui puisse frapper l'observateur.

Un homme jeune, d'une élégance appréciable, à la physionomie ouverte et sympathique, confortablement installé à son bureau-ministre, tient des comptes, rédige des mandats de paiement, refuse ou accorde des billets de faveur, communique par téléphone avec la location, s'élève à toute réquisition de M. Claretie, donne la main à ceux qui entrent ou qui sortent, répond instantanément à toutes les lettres qui lui parviennent, et trouve encore le temps, entre un coup de plume et un ordre de service, de jeter son grain de bon sens au milieu des propos échangés par son perpétuel entourage.

Ce personnage actif sans ostentation et courtois sans banalité, n'est autre que le secrétaire général de la Comédie-Française.

Dans des fonctions que les sots exercent en prenant des airs importants, M. Bodinier se montre aimable et bon enfant.

Et pourtant, Dieu sait à quel point la place est assiégée!

Les demandes indiscrètes, les réclamations absurdes, les sollicitations étranges se produisent autrement nombreuses qu'ailleurs.

Ce sont les employés de ministère, les garçons de bureau, qui s'étonnent, chacun dans sa petite omnipotence officielle, qu'on ne puisse leur octroyer deux fauteuils pour la pièce en vogue; c'est la kyrielle des élèves du Conservatoire insistant tous pour avoir *un petit coin* quand il n'y a plus une stalle disponible; c'est la sociétaire influente venant demander pour chacune des représentations de la *Souris*, s'il

CHEZ BODINIER

ne resterait pas, par le plus grand des hasards, une loge en réserve pour de bons amis à elle; ce sont des particuliers grincheux montés tout exprès du bureau de location pour fulminer contre les marchands de billets; ce sont certains membres du Comité échappés de la répétition pour savoir, de quart d'heure en quart d'heure, si la location marche; c'est enfin le journaliste amateur, inconnu, mais fier dans son obscurité, et qui s'étonne qu'à la Comédie-Française « un théâtre que nous payons tous », on se permette d'ignorer l'existence du *Colimaçon dramatique*, de la *Ventouse littéraire* ou de l'*Indépendant de Vaugirard*.

Mais le parfait secrétaire ne se laisse déconcerter par rien, ni par personne.

C'est le sourire aux lèvres qu'il éconduit les importuns et l'obsession la plus obstinée ne parvient pas à le faire sortir de sa bienveillance passive.

* * *

Heureusement, les fâcheux et les importuns ne font que passer.

Persécuté par ceux-là, M. Bodinier se console avec les vieux amis de la maison qui ont reporté sur lui la sympathie qu'ils avaient pour son prédécesseur, M. Verteuil, surnommé jadis le *secrétaire perpétuel* de la Comédie-Française parce que son entrée en fonctions remontait à une époque si lointaine, si lointaine, que nul comédien, nul auteur, nul journaliste vivants ne pouvaient en préciser la date.

La superstition locale faisait même croire, aux simples mortels, que ledit Verteuil ne quitterait jamais le rond de molesquine de la rue Richelieu.

Quels administrateurs généraux avait-il connus avant le règne de M. Edouard Thierry et la dictature d'Emile Perrin?

Son avènement concordait-il avec celui d'Empis ou avec celui de M. Arsène Houssaye?

Cela datait d'hier, pour lui, puisqu'il était déjà chevronné, vétéran et grognard, lorsqu'apparut Buloz, le rugueux Buloz de la *Revue des*

Deux-Mondes, succédant au baron Taylor et à l'obscur Védel.

* * *

Fallait-il donc remonter plus loin et l'origine du secrétariat de Verteuil allait-elle se perdre dans la nuit des temps du directeur Jouslin de la Salle?

Les érudits du théâtre firent des fouilles, consciencieuses mais improductives, dans les archives du lieu.

Un célèbre comédien doublé d'un savant fureteur, le très regretté P. Régnier, père du sympathique chef de cabinet des Beaux-Arts, affirma qu'un certain Verteuil, fin bourgeois lettré du xviie siècle avait été chargé par Poquelin de Molière d'un service spécial qui consistait à refuser « tous billets gratis ou autres entrées de faveur pour les spectacles de la troupe, ainsi qu'à rédiger des *dire* à l'usage des gazetiers qui traitaient de la matière des représentations ».

Quelques détails de signalement, diverses particularités de caractère permettaient à Régner de supposer que, par un phénomène plus ou moins explicable de longévité, ce Verteuil du grand siècle vivait encore, parmi nous, dans la même condition sociale.

Présentée par un esprit éclairé mais familier aux mystifications, la version Regnier se maintint au moins à l'état de légende et les détails fantaisistes se multiplièrent à l'infini :

— Mon cher M. Verteuil, questionnait un jour Bressant d'un ton affairé, dites-moi donc la vérité sur ce point historique : est-il vrai qu'Adrienne Lecouvreur ait trompé le maréchal de Saxe... avec vous!

De même, on interrogeait Verteuil le plus sérieusement du monde sur les causes de sa brouille avec Racine et de son assiduité suspecte aux petites soirées de l'hôtel de Bouillon.

Théophile Gautier lui demanda aussi de quel droit il avait supprimé le service de Boileau pour la première représentation du *Misantrope*.

La plaisanterie qui lui fut le plus désagréable est, me dit-on, d'Augustine Brohan, lui disant à brûle-pourpoint :

— Je sais qui vous êtes.

— Qui je suis ! répliqua Verteuil avec dignité, ce n'est pas un mystère...

— Ce n'en est plus un pour moi.

— Je suis votre secrétaire général.

— Vous... allons donc !

— Qui suis-je, alors ?...

— Le bon Dieu, puisque vous n'avez jamais eu de commencement et que vous n'aurez jamais de fin.

Le bon Dieu ! c'était peut-être un peu flatteur pour ce fonctionnaire instruit, bien élevé, mais peu ou point aimable, selon le jour ou le temps qu'il faisait.

Seul peut-être, le secrétaire général actuel fut l'objet de son entière sympathie.

* *
*

C'est qu'il y avait entre ces deux hommes, si éloignés par l'âge, si différents d'humeur, un point de contact qui les honorait grandement l'un et l'autre : le plus ardent patriotisme.

Verteuil fut douloureusement atteint par les désastres de l'année terrible, et son affliction ne fit que grandir de jour en jour jusqu'à sa dernière heure.

Quant à M. Bodinier, il avait fait avec distinction toute la campagne de l'armée de Metz et personne mieux que lui ne peut raconter ce que furent les grandes batailles de Borny, de Gravelotte et de Saint-Privat.

*
* *

Ce secrétaire bourru de Verteuil avait le mot facile, mais offensif sinon offenseur, et ses fréquentes boutades lui firent une assez jolie collection d'ennemis dont il se souciait d'ailleurs fort peu.

A la suite d'un démêlé avec l'administration de M. Thierry, le *Constitutionnel*, alors tout-puissant, avait brusquement cessé de faire le service gratuit du journal à la Comédie-Française.

Néanmoins le rédacteur en chef de la rue de Valois s'avisa de faire une demande de places.

Verteuil lut la lettre, puis la relut à plusieurs reprises en donnant les marques du plus profond étonnement.

— Le *Constitutionnel!* le *Constitutionnel!*...

qu'est-ce que c'est que cela? demanda-t-il à l'envoyé de M. Grandguillot.

— C'est un journal, balbutia l'interpellé, surpris d'une pareille question.

— Un journal!... le *Constitutionnel?*... je n'en connais aucun de ce titre-là.

— Pourtant, monsieur, il me semble...

— Vous croyez qu'il y a un *Constitutionnel?*... cela m'étonnerait beaucoup, mais nous allons bien voir...

Et, sonnant l'huissier :

— Dites-moi, mon ami, avez-vous le *Constitutionnel* parmi les journaux qui nous sont adressés?

— Non, monsieur le secrétaire général.

— Vous voyez bien, monsieur, dit froidement Verteuil en se tournant vers son solliciteur abasourdi, que le *Constitutionnel* n'existe pas.

Ce refus était sévère mais juste, et surtout ingénieusement motivé.

Notre homme se montrait parfois plus cruel encore :

— Pourquoi, lui demandait un pensionnaire du théâtre, m'avez-vous refusé des places hier?... je n'en demande jamais.

— Justement, je n'ai pas l'habitude de vous en donner.

Parfois ses libéralités n'étaient pas moins originales.

Comme on s'étonnait de le voir octroyer une loge à certain personnage qui n'avait pas de titres, même pour la demander, Verteuil répondit assez judicieusement :

— Il n'a rendu aucun service à la maison, il n'en rendra jamais : nous n'avons donc aucune raison pour lui refuser ce qu'il demande.

**

On voit que M. Bodinier a modifié avec un certain bonheur les traditions du secrétariat de la Comédie-Française.

IV

CHEZ MONVAL

Mission délicate. — La légion des incompris. — Molière II. — Centralisation nécessaire. — Archives. — Emprunts forcés. — Mot de Napoléon Ier. — Les prédécesseurs de M. Monval. — Léon Guillard. — L'auteur consultant. — Le chef des moliéristes. — Manuscrits introuvables. — Autographes rêvés. — Une signature à l'enchère. — Transformation de la fontaine Molière.

Le côté intéressant des fonctions de M. Georges Monval, bibliothécaire-archiviste, c'est que par héritage de l'universel M. Verteuil, elles se combinent avec celles de secrétaire du comité de lecture.

*
* *

Aujourd'hui, c'est à l'archiviste que revient la délicate mission d'accueillir avec égards les pièces, en prose, en vers ou en volapück, *destinées* à la scène des Français.

C'est lui qui transmet à MM. Lavoix et Adrien

Decourcelle, pour premier examen, les élucubrations de collégiens, de parnassiens incompris, de décadents enragés, de vieilles femmes

de lettres ou de chefs de bureaux retraités, que ces deux excellents lecteurs se garderont bien, eux, d'infliger au comité.

*
* *

La plus grande surprise que ce genre de corvée valut à M. Monval mérite les honneurs du récit.

Un visiteur correct et distingué venait de lui

remettre cinq actes d'alexandrins, lorsque, regardant la signature pour enregistrement conforme, M. Monval fit un violent haut-le-corps.

— Que vois-je? s'écria-t-il après ce premier mouvement de stupeur : « P. de Molière ! »

— C'est cela même, dit tranquillement l'inconnu.

L'ahurissement du jeune secrétaire fut indescriptible.

— « Molière! » répéta-t-il, « Molière !... » pourquoi prenez-vous ce nom-là?

— Parce que c'est le mien...

— Le vôtre !... C'est à M. Molière, auteur dramatique, que j'ai l'honneur de parler?...

— Mon Dieu, oui !

— Ainsi, monsieur, insista M. Monval, ce n'est pas un pseudonyme... vous vous appelez bien Molière?

— Je m'appelle Molière.

— Comme l'auteur du *Misanthrope?*

— Naturellement.

— Pourquoi « naturellement » ?

— Parce que je suis son descendant direct.

Cette fois, M. Monval resta abasourdi et devint rêveur.

Comme chef des moliéristes, ses idées les mieux acquises se trouvaient subitement bouleversées quant à la famille que laissa Poquelin, premier du nom. Mais il sait, par une longue et laborieuse expérience, qu'en pareilles questions il faut toujours s'attendre à tout et ne s'étonner de rien.

Quoi qu'il en soit, il était tout naturel qu'un poète nommé Molière se présentât de préférence à la Comédie-Française.

*
* *

Les archives sont de beaucoup plus intéressantes que la bibliothèque.

Premièrement, leur existence remonte à la création même du théâtre, tandis que ce n'est guère qu'en 1840 qu'on s'avisa de grouper les bouquins appartenant à la société et de veiller à leur conservation.

Aussi rien de très curieux à signaler dans cette bibliothèque.

Les éditions rares y brillent surtout... par leur rareté et bon nombre de bibliothèques privées sont plus intéressantes pour les amateurs de théâtre.

On s'efforce maintenant d'en augmenter l'importance et l'attraction ; mais son principal, son seul avantage, c'est qu'il y règne un certain ordre malgré l'incommodité du couloir étroit qui lui sert de local.

En somme, c'est la partie défectueuse de la maison.

*
* *

C'est à deux pas, à la Bibliothèque nationale que les critiques, les artistes et les auteurs vont faire leurs recherches sur les questions d'art dramatique ou d'histoire théâtrale.

Quant aux chercheurs de documents précieux et d'exemplaires uniques, ils s'adressent à la Bibliothèque de l'Arsenal où MM. Edouard Thierry et Henri de Bornier ont accumulé d'incomparables richesses qui, selon nous, devraient plutôt faire partie de la Bibliothèque de la Comédie-Française, où les risques ne sont pas, quoiqu'en disent les défenseurs obstinés de la commission des Incendies, plus considérables qu'ailleurs.

Toutefois, il faudrait, de toute nécessité,

préparer une installation plus digne et plus confortable que celle qui existe.

* *

M. Monval surveille d'autre part des archives précieuses entre toutes parmi lesquelles se trouve, à une très petite lacune près, la collection complète des registres de comptabilité sociale à partir du premier jour de la réunion de la troupe de l'Hôtel de Bourgogne à celle du théâtre Guénégaud le 20 octobre 1680, date réelle de la constitution définitive du Théâtre-Français.

C'est dans ces livres, remarquablement tenus, que les chiffres, avec leur éloquence précise, font revivre l'histoire de l'art dramatique en France, à travers toutes les périodes de trouble ou de prospérité qu'a pu parcourir un grand peuple pendant deux siècles de révolutions sociales, de secousses politiques et de transformations littéraires ou artistiques, sans exemples dans l'histoire universelle du monde.

* *

Une autre collection sans rivale est encore

celle des manuscrits originaux du répertoire moderne.

De coupables *emprunts* y furent faits jadis par d'érudits fureteurs, honnêtes gens qui ne feraient pas perdre cinq centimes à leur prochain, mais qui, pour dérober un autographe, se croient toutes les indélicatesses permises.

Semblables larcins seront dorénavant impossibles, à moins d'effraction—ou d'assassinat de ce pauvre M. Monval.

Éspérons que les amateurs de documents authentiques n'iront pas jusqu'au crime, mais n'en répondons pas !

Ce qu'il faut déplorer, c'est l'absence des

manuscrits de Victor Hugo que le grand poète crut devoir léguer à la Bibliothèque nationale en dépit, nous dit-on, de l'insistance respectueuse de M. Auguste Vacquerie en faveur du théâtre où furent acclamés *Marion Delorme, Hernani, Ruy Blas.*

Le service des Archives n'a gardé qu'à partir de 1799 les procès-verbaux des délibérations du comité. Cela suffirait pour y recueillir une jolie série de souvenirs et d'anecdotes dont le lecteur français se montrerait assurément ravi.

Citons encore, dans cet immense classement de papiers bons à consulter, les ordres émanant de l'autorité supérieure, les pièces budgétaires, les ampliations et décrets ministériels et généralement tous les dossiers concernant l'administration de ce que Napoléon Ier appelait « l'illustre théâtre ».

Les fonctions de secrétaire-archiviste furent généralement confiées à d'estimables lettrés, dès que ce service fut reconnu assez important pour exiger la nomination d'un titulaire.

Le premier dont on puisse retrouver la trace dans l'histoire du Théâtre-Français est l'écrivain Pierre Lemazurier, nommé en 1813, et non en 1808 comme l'affirme un de ses biographes.

C'était un littérateur assez distingué, l'un des hommes de l'Empire et de la Restauration qui passaient pour connaître le mieux les questions artistiques.

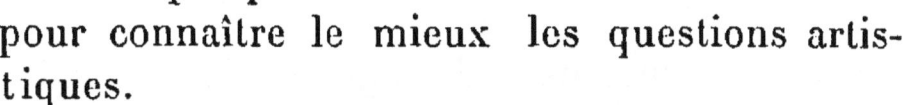

Ancien fonctionnaire royal, dépossédé par la Révolution, il perdit encore sa situation après les journées de Juillet 1830 et, pour comble d'infortune, devint complètement aveugle à la même époque.

Lemazurier se servit de tout ce que lui révélaient les archives dont il avait la garde pour écrire, sous le titre de *Galerie historique des acteurs du Théâtre Français*, l'un des ouvrages biographiques les plus estimés dans ce genre de publication.

C'est à lui qu'on doit également les dix volumes intitulés : *Opinion du parterre sur le Théâtre Français et l'Académie Impériale de musique*.

Après Lemazurier, les archives ressortissant à une autre responsabilité administrative, furent en réalité abandonnées à elle-mêmes, ou plutôt livrées au pillage des collectionneurs sans préjugés.

Et le second archiviste connu, Eugène Laugier, ancien rédacteur de la *Gazette et Revue des théâtres* eut fort à faire, quelques années plus tard, pour remettre un peu d'ordre dans le désordre qu'il trouva.

Tous les journalistes de la génération actuelle ont eu l'occasion de connaître le successeur d'Eugène Laugier, d'apprécier son érudition sans pédanterie ainsi que ses exquises qualités de causeur.

Ancien chef de cabinet de préfecture, puis directeur de petits journaux littéraires en province, Léon Guillard, attiré à Paris par une irrésistible vocation littéraire, fit d'abord applaudir ses comédies sur le théâtre dont il devait être plus tard le lecteur et l'archiviste attitré.

Ses principaux succès, *un Mariage sous la Régence*, *le Double Veuvage*, *Delphine*, *le Bal du prisonnier*, *Clarisse Harlowe*, *le Mariage à l'Arquebuse*, *les Gaietés champêtres*, remportés aux Français, à l'Odéon, au Gymnase ou au Vaudeville lui avaient valu, comme auteur dramatique, la croix de la Légion d'honneur.

Entré en 1855 dans l'administration du Théâtre-Français, il y exerça discrètement une influence littéraire très grande et plus d'un écrivain eut souvent à se féliciter d'avoir suivi les conseils de cet homme de goût, au jugement sûr, dont la mort affligea d'innombrables amis.

* *
*

M. Georges Monval porte assez gaillardement le poids d'une succession pour laquelle il fut tout désigné au moment opportun.

Jeune, actif, excellemment intentionné, il a le zèle, les qualités de vigilance et d'attention dont peut s'accommoder le difficile emploi qu'il occupe rue Richelieu.

Très informé en matière d'archéologie théâtrale il se tient au courant du mouvement moderne, n'ignore rien de ce qu'il doit savoir, a beaucoup appris, beaucoup lu, beaucoup vu, et presque tout retenu.

Après avoir joué tant soit peu la comédie, il écrivit, avec M. Porel, une histoire de l'Odéon que les destinées respectives des deux collaborateurs devaient laisser inachevée.

*
* *

C'est à M. Monval que le dix-neuvième siècle, plus ou moins reconnaissant, doit la création du *Moliériste*, revue bi-mensuelle ayant pour but la propagation de la foi... en Molière, publication dont l'utilité fut un peu discutée par les gens qui estiment, à tort ou à raison, que l'immortel auteur de *Tartufe* n'est rien moins qu'un poète incompris.

La vérité, disons-le à l'éloge de l'aimable archiviste, c'est qu'il n'a nullement prétendu faire œuvre de propagande en faveur de Molière. Il se défend d'avoir voulu jouer ce rôle, cette *inutilité*, sachant très bien que le culte de Molière n'est plus à créer.

Seulement il espérait, en fondant sa revue moliériste, obtenir des appuis, des concours qui lui firent défaut avec une rare unanimité, et comptait provoquer, par toute la France, un mouvement d'investigation à la faveur duquel on eût peut-être déniché ces introuvables manuscrits de Molière dont l'inexplicable disparition désole tous les vrais amis du grand art, moliéristes ou non.

Malheureusement, les efforts du *Moliériste* sont restés à peu près stériles. On continue à n'avoir pas d'autographe de Molière. Il ne nous reste l'original d'aucune de ses comédies.

On sait pertinemment qu'à Paris et en province Molière a rédigé des traités ; on détient des réponses qui lui furent adressées : impossible de mettre la main sur l'un de ses actes authentiques, sur une seule de ses lettres.

Les admirateurs de l'illustre comique ne peuvent contempler que des signatures, de simples signatures dont le type varie à ce point que les graphologues y découvrent, au grand désespoir du pontife Monval, les caractères les plus différents.

Tandis que telle signature révèle, chez le père du *Misanthrope*, l'esprit de méthode et le goût de la clarté, telle autre semblerait dénoter un désordre d'idées, une fantaisie nerveuse contraires à son génie même; celle-ci indique, par l'ampleur de sa majuscule, la bonté d'âme et la jovialité, celle-là la tristesse et l'intraitabilité.

Infortunés moliéristes! n'ayant pas besoin, comme eux, de connaître absolument les pattes de mouches d'un grand écrivain pour l'admirer, nous ne pouvons cependant nous empêcher de compatir à leur déception car, franchement ces griffonnages si dissemblables ne sauraient suffire aux véritables amateurs d'autographes célèbres.

De toutes les signatures connues de l'immortel Coquelin, la plus remarquable, la plus curieuse est aussi la plus importante parce qu'elle figure au bas d'une convention précise et conservée intacte.

Ce document est encadré auprès de l'ordonnance royale de 1680.

Les deux signatures de Louis XIV et de l'illustre poète sont ainsi exposées au foyer des artistes juste au-dessous du célèbre portrait de Molière par Mignard.

Un détail que je n'ai pas le droit d'oublier.

Cette maîtresse signature, acquise dans une vente publique par M. Alexandre Dumas, il y a trois ans, au prix de 2,625 francs, fut immédiatement offerte par lui aux comédiens de la rue Richelieu, pour les remercier du grand talent avec lequel ils avaient assuré le succès de *Denise*.

La libéralité princière d'un grand seigneur de Lettres fut sensible à tous ; mais nulle reconnaissance n'égala celle de M. Georges Monval, qui, en sa qualité de grand chef des moliéristes, est plus touché de ce qu'on fait en faveur de son saint patron que s'il s'agissait de lui-même.

**
* **

Sous ce rapport, tout lui réussit admirablement ; il n'est plus de bonnes fêtes de Molière sans lui.

Tout pour Molière et par Molière !

Aucun sculpteur, aucun peintre n'oserait entreprendre un buste, une statue, un portrait de ce cher Poquelin sans consulter Monval sur l'attitude à faire prendre au grand homme.

Récemment encore, un fabricant de meubles est venu soumettre à son approbation l'élégant

modèle d'un siège qui, pour faire pièce au fauteuil Voltaire, s'appellera comme l'auteur du *Misanthrope*.

Enfin, le hasard, qui lui veut du bien, a doté l'heureux Monval d'une ressemblance appréciable avec le Molière qui est sur la fontaine d'à côté.

V

LE FOYER DES ARTISTES

Souvenirs et regrets. — Le bon vieux temps du marquis de Bièvre. — Les belles soirées de Rachel. — Derniers représentants de la tradition. — Les *Mémoires* présumés d'un jeune premier. — Deux doyens. — Auteurs en chiens de faïence. — Le foyer moderne. Concerts de l'*Ami Fritz*. — Les jeux de l'esprit et du hasard. — Le coffret de Madeleine. — Inspection militaire. — Vive Boulanger ! — Retraite d'un général de cavalerie. — Péquins et militaires. — Indifférence de la presse. — On demande des Jules Janin. — Peintres en tous genres. — Les abonnés du mardi. — La politique de la Comédie. — Rapprochements curieux. — Un lunch présidentiel. — Le foyer. — Boudoir. — Petit comité de lecture pour saynètes et monologues. — Les soirs de grandes premières. — Une gloire nationale.

« Il ne peut être et avoir été », me disait tristement, à propos du plus célèbre des foyers de théâtre, l'un des survivants de la bonne et brillante époque où ce lieu de causerie, uniquement ouvert à d'intéressants familiers, justifiait encore sa légendaire qualification d'académie artistique.

* * *

Si nous ne nous étions donné le mandat impératif de montrer surtout, au lecteur, la Comédie Française d'aujourd'hui, nous trouverions ici le facile prétexte d'une longue incursion dans le passé, car les souvenirs, les anecdotes rétrospectives ne manquent pas dans les archives locales.

Mais les calembours du marquis de Bièvre, que devait renouveler M. de Tillancourt; mais les petites réceptions de Talma, les boutades de Saint-Romain et les étincelantes dissertations de Jules Janin ont l'inconvénient grave de manquer quelque peu d'actualité.

Il faudrait remonter aux dernières années de Rachel pour retrouver, près de nous, l'éclat qui, disons-le, fait maintenant défaut au foyer des artistes.

* * *

Pendant ces dernières années, trois grands

comédiens. MM. Got, Delaunay et Coquelin aîné, soutenaient encore, dans les discussions littéraires ou théâtrales, la vieille réputation des Régnier, des Samson, des Monvel, des Talma, des Molé, des Lekain et autres artistes célèbres qui furent d'incomparables causeurs.

M. Coquelin a momentanément déserté le Théâtre Français, dans toute la force de l'âge, dans la plénitude de son magnifique talent,

ne laissant, à ses admirateurs de la rue de Richelieu, que leurs yeux... et Mlle Dudlay pour pleurer.

M. Delaunay, dont nul ne souhaitait le départ

malgré trente-cinq années de succès dans l'emploi des amoureux, a pris une retraite que lui-même trouve prématurée : résultat d'un malentendu dont les susceptibilités de l'éminent artiste firent tous les frais.

Souhaitons du moins que l'inimitable interprète des poétiques amants chantés par Musset, consacre ses loisirs à l'élaboration de mémoires qui pourraient être d'un intérêt exceptionnel, peu d'hommes de théâtre ayant autant vu, autant entendu, — et si bien compris.

De ces trois artistes sachant parler de leur théâtre, capables d'en faire comprendre les beautés et la tradition, M. Got reste seul, mais attristé, presque désabusé par la disparition de ses interlocuteurs habituels que personne, parmi les abonnés mondains dont l'élégante cohue envahit le théâtre deux soirs par semaine, ne saurait lui remplacer.

Se tenant sur une défensive correcte avec les journalistes d'aujourd'hui, dont la discrétion lui est justement suspecte, le taciturne doyen des artistes ne s'entretient plus guère un peu longuement qu'avec M. Lavoix, doyen des habitués et l'un des lecteurs, en première instance, de la Comédie Française.

Mais ces deux vétérans, ces deux érudits en art dramatique se sont dit tant de choses depuis

une quarantaine d'années qu'ils commencent à être las de se les redire toujours.

* *

Longtemps les auteurs contribuèrent par leur présence assez fréquente au prestige littéraire du foyer.

C'est que, dans ces temps renouvelés de l'âge d'or, il y eut, entre les écrivains qui se partageaient la faveur du public, une émulation qui n'avait rien des âpres rivalités d'aujourd'hui.

Depuis que la prospérité de la maison a sensiblement élevé le niveau des recettes et que les compétitions légitimes de l'amour-propre se sont agrémentées d'une lutte plus spéciale aux intérêts pécuniaires, il est devenu chimérique de prétendre grouper, dans un même salon, des partenaires qui s'appelleraient Augier, Dumas, Feuillet, Sardou, Meilhac et *tutti quanti*.

D'ailleurs, ces maîtres du théâtre ne viennent guère aux Français, craignant sans doute de s'y rencontrer les uns les autres.

*
* *

N'importe! s'il a perdu de son prestige antique et solennel, le foyer de la Comédie Française reste encore un centre curieux et attachant.

A l'époque de l'*Ami Fritz*, les élèves des classes du Conservatoire, engagés pour la partie musicale de la pièce, donnèrent, pendant les entr'actes, de délicieux petits concerts improvisés dans lesquels M. Villaret fils, — fils du ténor, ténor lui-même, mais excellent pianiste par surcroît, — s'acquittait préférablement des difficiles fonctions d'accompagnateur.

Deux élèves destinés à la maîtrise, M. Talazac et Mlle Renée Richard recueillirent là leurs premiers succès lyriques.

*
* *

Plus tard, pendant chaque représentation du *Monde où l'on s'ennuie*, Mme Madeleine Brohan, installée en souveraine au milieu du foyer, tint une véritable cour.

Sous l'impulsion et à l'exemple de la duchesse de Réville, il se dépensa beaucoup d'esprit et le nombre des visiteurs de bonne marque s'accrut subitement.

Les nombreux rôles féminins de la Comédie de Pailleron réunissaient quelques-unes des plus ravissantes comédiennes de la troupe auxquelles venaient se joindre plusieurs de leurs jolies camarades attirées par la gaieté qu'on était toujours certain de rencontrer là.

L'entourage aimable de Madeleine Brohan s'offrait, outre la satisfaction de plaisanteries plus ou moins fines et variées sur le monde de la ville et du théâtre, les émotions de jeux innocents qui, sans la vigilance de l'avertisseur, eussent fait manquer bien des répliques.

Détail piquant. Madeleine Brohan plaçait toujours, sur un tabouret, devant elle, une grande

« boîte à grime », véritable rempart qui la protégeait contre les importuns, mais qu'elle rejetait de côté dès qu'apparaissait un ami, une personne plus sympathique, en disant au nouveau venu, la main tendue :

— Laissez-moi donc vous offrir ce tabouret?

Dans sa décadence relative, le foyer de la Comédie voit encore défiler un certain nombre de personnalités parisiennes.

Le président Cartier, de fantaisiste mémoire, y représenta parfois la magistrature.

L'armée compta, au nombre des officiers sympathiques à la troupe, en première ligne, son ex-chef suprême, le général Boulanger ; puis encore parfois les colonels O'Connor, Lichtenstein, Hardy de Périni, le commandant Fayet et le capitaine Saint-Geniès.

Le général Négrier, retour du Tonkin, fut admis avec enthousiasme.

Un triste événement, la mort du général Pittié, chef de la maison militaire de l'Elysée, fut un véritable deuil pour ce foyer dont il était l'un des hôtes privilégiés.

Peu d'hommes en place ont su rendre d'aussi grands services avec autant de bonne grâce, de discrétion et de simplicité que ce soldat galant homme.

Un autre habitué militaire, le général de Gallifet, est toujours le bien accueilli.

Malheureusement pour les jeunes comédiennes qui raffolent des compliments bien tournés, ses visites se raréfient de plus en plus.

Les véritables familiers, représentant les mondes intéressants du Tout Paris sont, entre autres, MM. le baron de Beyens, le marquis de Massa, Ferdinand de Lesseps, Ludovic Halévy, Paul de Rémusat, Denormandie, Adelon, Déroulède, Jacques Normand, Georges Laguerre, de Blowitz, le marquis de Flers, Louis Ganderax, Gaston Bérardi, Lippman, Arnaud de l'Ariège, le comte de Ganay, Maurice Ephrussi, Ollendorff, Carraby, Cléry, Chéramy, le comte Benedetti, Campbell Clarke, F. Dreyfus, Ch. Garnier, Guichard, Audet, Eggly, Gillou, les frères Cain, Armand Gouzien, Bourdon, Des Chapelles, Georges Hecq, H. Régnier, Georges Chalamet, Mayrargues, le docteur Pozzi, Ch. Bocher, Joubert, Henry Blount, de Kœnigswärter, Nitot, Roger Ballu, etc.

Ne parlons pas des journalistes...

Tous ceux qui occupent une situation appréciable ont accès chez MM. les comédiens.

Loin d'en abuser, ils en usent à peine, préférant entretenir leurs lecteurs de ce qui se passe dans les théâtres de genre, plutôt que de leur parler d'un milieu artistique où le moindre événement peut prendre place dans l'histoire du théâtre contemporain.

Et puis, le publiciste parisien, de plus en plus adonné à l'information pure, n'a guère le temps de s'attarder lorsque les hasards de l'actualité l'appellent rue Richelieu.

A peine a-t-il achevé son enquête-express qu'il est déjà loin, cherchant les éléments d'un autre reportage sur une question toute différente qu'il traitera avec la même impassibilité de sténographe plus ou moins bien stylé.

Quant à oublier l'article à faire dans les longues flâneries où l'on rêve d'idéal, dans les discussions séduisantes mais improductives où seuls le cœur, l'esprit, le goût ont quoi que ce soit à gagner, c'était tout au plus bon pour des utopistes comme Janin, Théophile Gautier ou Paul de Saint-Victor : viande creuse pour le journaliste impatient, brûleur et affamé, qui régentera désormais l'art et la littérature de son siècle.

Les peintres, les sculpteurs sont les bienvenus en ce salon d'artistes.

Citons notamment, MM. Meissonier, Carolus Duran, Falguière, Cain, Detaille, Vibert, Clairin, Chartran, Mlle Abbéma et bien d'autres encore qu'intéresse tout particulièrement la collection de curiosités, d'objets d'art, de tableaux, de bustes anciens ou modernes composant ce que j'appellerai, dans le chapitre suivant, *le musée de la Comédie Française*.

Le lecteur approuvera, je pense, la réserve que je m'impose en ce qui concerne les gens du monde auxquels un abonnement hebdomadaire a donné leurs grandes et petites entrées de l'autre côté du rideau.

Peut-être leur irruption dans un longtemps fermé aux profanes a-t-elle contribué à lui faire perdre sa physionomie d'autrefois.

Cependant, on ne peut reprocher, à tous ces nouveaux initiés, de méconnaître, en pénétrant dans le temple les exigences du culte pour lequel ils doivent payer l'encens.

Quelques-uns ne sont pas d'ailleurs les premiers bourgeois venus et tous se montrent plutôt gens de bonne compagnie.

Les *mardistes*, — comme on les appelle — ayant été fort attaqués, je tenais à leur rendre justice au moins en ce qui concerne leur excellente tenue au théâtre... pendant les entr'actes.

*
* *

De mémoire de doyen, les hommes politiques, ministres, sénateurs et députés ont toujours été au nombre des plus fidèles visiteurs.

Aussi n'est-il pas rare que MM. Lockroy et Clémenceau se rencontrent, dans les couloirs, avec le duc de Broglie ou le baron Haussmann et que bien d'autres personnages, non moins divisés d'opinion ou d'intérêts, se coudoient au seuil du foyer.

Bien d'autres adversaires politiques ont échangé, sur ce terrain agréablement neutre, des aperçus touchant l'art contemporain, de cordiales poignées de main ou, tout au moins d'aimables salutations.

Sénateurs et députés redeviennent gens du monde en ce salon artistique. Jamais ils ne sont plus parlementaires que là !

M. Daniel Wilson, au temps de sa toute puissance, n'a guère fait que deux ou trois apparitions. Il n'y aurait donc pas lieu, en dépit des scandales auxquels fut mêlé depuis le gendre de l'ex-Président, de lui attribuer *gratuitement* la décoration des comédiens — toujours obtenue par leur seul mérite.

Le président de la Chambre, M. Charles Floquet est, parmi les puissants du jour, celui dont l'affabilité est le plus appréciée.

Un soir que plusieurs des jeunes et jolies interprètes du *Monde où l'on s'ennuie* se plaignaient, sans soupçonner sa présence, d'avoir à peine trouvé le temps de dîner à cause de l'heure du spectacle, il fit envoyer, dans le petit foyer des changements, un lunch exquis en prenant toutes les précautions imaginables pour que les artistes ignorassent qu'il était l'auteur de cette prévoyance digne d'un parfait marquis de l'ancien régime.

Un hasard seul leur fit apprendre beaucoup plus tard quel avait été leur véritable amphitryon.

Je viens de parler du « foyer des changements », qui est au grand foyer ce que le boudoir est au salon.

Ouvrant sur le couloir qui conduit à la scène, il est l'asile préféré de Mlles Bartet, Reichenberg et autres étoiles de la troupe féminine.

Lorsqu'une artiste doit faire un changement de costume et n'a pas le temps matériel de monter jusqu'à sa loge, c'est là qu'elle retrouve son habilleuse et tout ce qu'il faut pour se métamorphoser.

Dans des cas où elle ne peut même y accourir, « le guignol » de la scène lui tient lieu de cabinet de toilette.

C'est encore au « foyer des changements » que les artistes donnent audience aux poètes spéciaux qui les approvisionnent de monologues, de saynètes et de pièces de vers, pour leur répertoire de soirées mondaines.

C'est également dans ce réduit coquet que, chaque soir de grande première, se tient la principale interprète de l'œuvre acclamée.

*
* *

Ah ! les soirs de grande première !
Voilà dans quelles occasions le foyer reprend

son prestige et son éclat, encombré qu'il est, à chaque entr'acte, d'une foule fiévreuse, émue, enthousiaste, dans laquelle se retrouve tout ce que Paris compte de notoriétés artistiques, littéraires, politiques ou mondaines.

L'auteur et ses interprètes sont entourés, félicités, bousculés par une foule dans laquelle tout le monde est quelqu'un. Toutes les mains se tendent vers eux et chacun veut leur parler, leur exprimer son admiration, leur dire ce qu'a été l'enthousiasme de toute une salle transportée.

Nous avons vu les ovations faites après le dernier acte de *Ruy-Blas* à Victor Hugo, superbe d'impassibilité olympienne et disant en montrant Sarah Bernhardt et Mounet-Sully :

— Voilà ceux qu'il faut féliciter.

Nous avons vu M. Emile Augier acclamé au foyer comme venait de l'être, dans la salle, son cinquième acte des *Fourchambault*, et cherchant en vain à se dérober par la fuite à cette apothéose.

Nous avons vu M. Edouard Pailleron disparaître, comme submergé sous le flot montant des complimenteurs et des admiratrices, après l'étourdissant second acte du *Monde où l'on s'ennuie*.

Nous avons vu, pendant un entr'acte de la

seconde représentation de *Le Roi s'amuse* (22 novembre 1882), les spectateurs survivants de la première (22 novembre 1832), se grouper autour de Victor Hugo : Jules et Paul Lacroix, Auguste Maquet, Abel Desjardins, Mme Porcher, Lacan, Eugène Piot, le vicomte de Laborde, Ferdinand Denis, Jean Gigoux, A. de Pontmartin et les comédiens Régnier et Geffroy, créateurs de deux rôles, venant tous renouveler, A UN DEMI-SIÈCLE D'INTERVALLE, leurs félicitations au plus illustre des poètes français.

Nous avons vu, après *Francillon*, comme après *Denise*, M. Alexandre Dumas, ému jus-

qu'aux larmes en recueillant, de toutes les bouches, l'expression d'un enthousiasme que son merveilleux talent n'avait jamais provoqué plus complet, plus spontané, plus sincère.

Nous avons vu enfin, à de tels moments, les haines se fondre, les rivalités disparaître sous l'irrésistible empire d'un des plus nobles sentiments qui soient au cœur de l'homme : l'amour du beau dans l'art le plus français, à l'heure de ses plus hautes manifestations...

Et nous sommes heureux d'avoir assisté à ces scènes inoubliables, car leurs dates sont à jamais burinées dans les annales de cette Comédie Française, véritable gloire nationale qu'il faut aimer en artiste, admirer en patriote.

VI

LE MUSÉE DE LA COMÉDIE-FRANÇAISE

Une collection qui en vaut beaucoup d'autres. — Chefs-d'œuvre ignorés. — On en a mis partout. — Le père du musée. — Vieille application du libre-échange. — A qui le Voltaire? — Le Musée-Molière d'Arsène Houssaye. — L'inventaire de M. René Delorme. — Les illustrations de la maison. — Talma, Mars et Rachel. — Corneille et Molière. — Pauvre Racine!

« Musée » est le mot vrai, la qualification propre. « Musée » n'a rien d'excessif; musée me plaît et je ne sache pas qu'un vocable plus exact puisse mieux désigner l'ensemble des richesses (statues, portraits, bustes, médaillons, tableaux de genre, terres cuites, figurines, gravures et estampes) accumulées rue Richelieu par suite de dons, d'achats ou d'échange de bons procédés.

Trouvez donc, en effet, beaucoup de collections quasi-privées où soient représentés des artistes tels que Mignard, Largillière, Houdon, Coysevox, Van Loo, Caffieri, T. Fragonard, Lemoyne, Vigée, Pajou, Le Noir, Boilly père, de Troy, Foucou, Berruer, d'Huez, Nattier, Pinchon, Louis David, le baron Gros, Gérard, Girodet, Eugène Delacroix, Ingres, David d'Angers, Etex, Gabriel Thomas, Jouffroy, Picot, Boulanger, Isabey, Duret, Robert-Fleury, Dantan aîné, Dubufe, Léon Coignet, Pollet, Tony Johannot, Clésinger, Eugène Lami, Gérôme, Mathieu-Meusnier, Chapu, Lehman, Lefebvre, Franceschi, J. Delaunay, Falguière et Chaplin, sans oublier Geffroy, grand comédien, excellent peintre, homme de goût et de savoir, auquel nous devons de si précieuses restitutions de costumes authentiques.

*
* *

Ce qui augmente encore l'attrait des chefs d'œuvre de la peinture et de la statuaire distribués un peu partout, au foyer des artistes, dans les foyers et couloirs, aux archives, dans le cabinet du directeur, dans la salle de lecture et jusque dans les corridors de dégagement, c'est que ce sont autant de documents précieux pour l'histoire de la Comédie.

Autre intérêt tout spécial à ce musée qui, comme on voit, en vaut beaucoup d'autres. Ceux des trésors qui le composent et que l'on n'a pu placer dans la salle sont aussi peu connus que possible, n'étant vus que des artistes, des auteurs et de quelques journalistes, c'est-à-dire du public restreint autorisé à franchir le seuil de la communication.

On ne peut, sous peine de troubler, dans le jour, le service du théâtre, multiplier les permissions de visite que seuls demandent, il faut bien le dire, des touristes étrangers.

*
* *

Et puis, franchement, combien de jolies choses sont-elles exposées comme il convient ?

La plupart des locaux où l'on dut les caser, faute de place, ne reçoivent qu'une lumière odieuse. Privées du plus petit rayon de soleil dans la journée, n'ayant même pas la clarté lointaine d'un bec de gaz, le soir, un certain nombre de toiles, d'une valeur réelle, restent inappréciées, même des amateurs qui passent et repassent incessamment devant elles.

Encore ne faut-il plaindre que relativement les tableaux ignorés dans leur ombre perpétuelle.

Ceux-là du moins ont trouvé un clou pour se pendre !

Bientôt on sera forcé d'empiler les uns sur les autres, ou de reléguer sous les toits, les nouveaux dons en peinture qui viendront encore enrichir le musée.

Ne pourrait-on, quitte à dégarnir les corridors, les paliers et les escaliers de service, organiser un musée public, ouvert certains jours, à de certaines heures, selon les convenances administratives du théâtre, afin que le foyer des artistes puisse en être, en quelque sorte, le salon d'honneur ?

Dans l'état actuel des locaux, ce projet ne serait pas réalisable.

Mais il suffirait, pour qu'il le devînt, d'obtenir la restitution d'une ancienne salle, faisant arbitrairement partie de l'installation provisoire de la Cour des comptes.

Il faudra pourtant bien en venir là.

A moins qu'on ne décide en comité, que le Théâtre-Français n'acceptera plus d'œuvres d'art faute de pouvoir les... emmagasiner.

Ce serait une solution — mais plus originale qu'artistique.

*
* *

Que nul ne tremble ! Nous ne songeons même pas à nous aventurer dans l'établissement d'un catalogue dont les sèches énumérations trancheraient singulièrement avec le ton familier du présent livre.

Le musée de la Comédie-Française a d'ailleurs trouvé, en notre distingué confrère, M. Saint-Juirs (René Delorme), un critique sagace et intéressant (1).

*
* *

Bornons-nous donc à un historique rapide. Cela ne nous fera pas remonter bien haut, puisque la constitution du musée des comédiens ne date guère que de la fin du siècle dernier.

Notre premier théâtre posséda bien, dès 1743, l'admirable portrait de Mlle Duclos par Largillière, puis celui de Baron par de Troy.

---

(1) Le Musée de la Comédie-Française par René Delorme, Ollendorf, 1878.

Mais on ne saurait guère faire remonter à cette possession, relativement insignifiante, l'origine d'un musée dont le célèbre sculpteur Caffieri eut la première idée en 1773, lorsqu'après la mort de Piron, il fit écrire, par son ami de Belloy, la lettre suivante, conservée aux archives :

Mon cher Molé,

Caffieri offre aux comédiens d'exécuter le buste en marbre de Piron, à la seule condition de ses entrées en tout temps pendant sa vie.

De Belloy.

L'artiste mit deux ans à exécuter cette commande; mais il offrit dans l'intervalle, les deux bustes en terre cuite de Quinault et La Fontaine qui, de l'avis de tous les amis du beau, sont absolument incomparables en leur genre.

Les autres œuvres de Caffieri, généralement acquises par des transactions analogues, (libre-échange tout spécial qui n'était guère onéreux pour la Société) sont le buste de La Chaussée, ceux de Pierre et Thomas Corneille, de J.-J. Rousseau, de de Belloy et de Rotrou.

Ce dernier passe à juste titre pour le morceau

le mieux traité par le ciseau du célèbre sculpteur. Dans une vente, la notoriété artistique de ce buste exceptionnel lui assurerait un prix considérable.

N'oublions pas, parmi les Caffieri du musée, une délicieuse statuette de Pierre Corneille.

Dans sa sollicitude pour la collection des comédiens, Caffieri leur fit même présent, en dehors de sa sculpture, de deux excellentes copies, d'après Lebrun et Jouvenet, des portraits de Pierre et de Thomas Corneille.

L'illustre Houdon, suivant, de même que les autres sculpteurs de l'époque l'exemple de Caffieri, fit le buste de Voltaire contre les entrées octroyées à l'un de ses amis.

Enfin Sedaine, se piquant d'émulation et voulant prouver que les auteurs pouvaient faire assaut de générosité, surtout lorsqu'ils étaient anciens tailleurs de pierres, avec les tailleurs de marbre, abandonna les droits de sa « Gageure Imprévue » pour le paiement d'un buste de Molière qu'il fit commander à Houdon.

*
* *

A peu près à la même époque, la nièce de

Voltaire faisait hommage à la Comédie-Française du chef-d'œuvre incomparable qui est et restera sans doute le plus pur trésor artistique de sa collection.

Qui ne devine que nous voulons parler de la statue de Voltaire assis, dont les reproductions peuplent par milliers tous les musées publics, toutes les galeries privées de l'univers ?

En 1796, la Nation revendiqua ce marbre célèbre.

Mais les comédiens firent valoir leurs droits de propriété, par la pétition suivante dont le brouillon, précieux document historique, existe encore aux archives.

Lettre adressée par les artistes du ci-devant Théâtre-Français au ministère de l'Intrieur, le 3 messidor an IV :

Citoïen ministre,

Vous demandez que les artistes du ci-devant Théâtre-Français vous produisent leur titre à la propriété de la statue de Voltaire, qui est dans le vestibule de la salle du faubourg Germain.

Ce titre est aussi simple qu'il est décisif; elle nous a été donnée par la citoyenne Duvivier à qui elle appartenait. La citoïenne Duvivier, nièce et héritière de Voltaire, avait fait exécuter cette statue dans l'intention de la donner à l'Académie française. Aïant appris qu'elle avait changé de dessein, nous conçûmes aussitôt, avec le plus vif désir de posséder ce précieux monument, l'espérance fondée de l'obtenir.

En conséquence, nous arrêtâmes d'écrire à la citoïenne Duvivier une lettre qui lui fut adressée le 26 septembre 1780 ; elle y répondit à l'instant par sa lettre du même jour dont les termes ne laissent rien à désirer.

Les artistes du Théâtre-Français, après avoir exprimé à la citoïenne Duvivier tous les sentiments dont leurs cœurs étaient pénétrés, et lui avoir exposé les titres qu'ils croient avoir pour mériter son bienfait, terminaient en rappelant ce que Voltaire leur avait dit lorsqu'il vint les remercier des efforts qu'ils avaient faits pour obtenir son retour dans la capitale : *Mes enfants, je veux vivre et mourir au milieu de vous.* « Cette adoption glorieuse, ajoutions-nous, c'est à vous, madame, à la confirmer par un don qui ne doit être fait qu'à ses enfants. »

La citoïenne Duvivier répondit :

« Rien n'est si flatteur, messieurs, pour la mé-
« moire de mon oncle et pour moi, que la lettre
« que je viens de recevoir de votre assemblée ; je
« l'ai lue avec attendrissement.

« La manière dont vous vous êtes conduits avec
« lui pendant le trop court séjour qu'il a fait dans
« cette capitale, m'impose pour ainsi dire la loi de
« remplir vos désirs et de placer la statue de M. de
« Voltaire au milieu de ceux qui l'ont couronné de
« son vivant.

« Je vous donne avec grand plaisir ce tribut de
« ma reconnaissance et des sentiments avec les-
« quels j'ai, etc., etc. »

Signé : Mignot du Vivier.

Vous voyez donc, citoïen ministre, que c'est bien le don de la statue qui a été sollicité, et que c'est le don qui a été fait sans restriction ni réserve.

Vous voïez que c'est la Société des comédiens

français qui en a fait la demande, et que c'est bien aux individus qui la composent, à ceux qui avaient couronné Voltaire de son vivant, à ceux qui s'étaient conduits de manière à mériter le don de la citoïenne Duvivier, qu'elle a donné ce témoignage de sa reconnaissance, et qu'elle a bien voulu reconnaître ce don comme une obligation qu'elle avait envers nous.

Il n'y avait, au reçu de cette épître, qu'un parti à prendre pour l'Etat : laisser aux premiers artistes du monde ce qui leur appartenait de si indiscutable façon

C'est ce que fit le ministre de l'intérieur de l'an IV.

***

Le premier quart de ce siècle s'écoula sans beaucoup augmenter le musée du théâtre.

L'inventaire de 1815 constate l'existence de trente-deux objets d'art, douze toiles et vingt marbres.

En 1830, le peintre Sicot offrit son portrait de Talma pour l'obtention de ses entrées.

Ce fut comme le signal de nouvelles transactions renouvelées du système Caffieri ; l'inventaire de 1847 mentionnait trente-quatre marbres et quatre-vingts tableaux.

En 1850, M. Arsène Houssaye, à peine nommé administrateur général (titre créé), voulut fonder officiellement un « musée Molière, » et sollicita la subvention nécessaire pour faire des commandes aux peintres et aux sculpteurs célèbres.

Mais il ne put obtenir de Romieu qu'une somme de 20,000 francs, une fois donnée, qui fut employée à l'achat du Talma d'Eugène Delacroix, d'une statue de Rachel par Clésinger, et à la décoration, par M. Faustin Besson, de la loge directoriale.

D'importantes et heureuses acquisitions furent faites par M. Empis, puis par M. Edouard Thierry et enfin par M. Emile Perrin, auquel ses connaissances spéciales permirent en outre de procéder, autant que le permettaient les dispositions locales, à une organisation relative.

▼

En somme, le dernier inventaire établi en 1878 par M. René Delorme, comprend « trois cent trente-neuf pièces ainsi divisées » :

Tableaux.	171
Aquarelles, dessins, gravures. .	61

Marbres.	77
Bronzes.	6
Terres cuites	9
Biscuit de Sèvres.	15

Au double point de vue de la valeur et de la quantité, c'est plus qu'il n'en faut pour justifier mon titre de « Musée de la Comédie-Française ».

A la vérité, ces dernières années n'ont pas ajouté grand chose à ce qui précède.

Il y a eu surtout de nombreux déplacements : des bustes ont permuté ; des toiles ont fait un chassé-croisé entre le cabinet de lecture et le foyer des artistes par suite de modifications apportées en ce dernier local pour placer, à droite de la cheminée, un grand portrait du regretté Régnier, par M. Jules Delaunay.

Enfin, quatre statues assises, Mars, Rachel, Corneille et Molière ont joué aux quatre coins, du contrôle de la rue de Richelieu à celui de la rue Saint-Honoré.

En place pour le quadrille !

*
* *

Il nous a semblé spécialement intéressant

de voir dans quelles proportions les dieux du temple, grands poètes ou artistes illustres, y revivaient par la peinture et la statuaire.

Incontestablement les véritables gloires de la Comédie : Baron, Lekain, Fréville, Monvel, la Clairon, Fleury, Molé, Baptiste cadet, Dugazon, etc., etc., sont très largement repré-

sentées contre les murs ou sur les socles du théâtre de leurs triomphes.

Mais le hasard joue ici un grand rôle.

De célèbres jolies femmes telles que Levert,

Gaussin, Dubois, Bourgoing. Joly et Duclos, devaient être choisies plus volontiers pour modèles que telles de leurs camarades dont le talent dramatique était égal, sinon supérieur.

C'est encore ce hasard, présidant au bonheur des exécutions d'œuvres d'art, qui a voulu qu'une statue de Voltaire fût la merveille presque sans rivale d'une maison qui est celle de Molière.

*
* *

Arrivons aux trois grands artistes populaires entre tous.

Talma surgit et rayonne de toutes parts.

C'est d'abord la grande statue *Talma étudiant un rôle*, par David d'Angers, faisant vis-à-vis, sous le grand vestibule circulaire, à l'excellent M. Cagnin, contrôleur en chef; puis la peinture classique et correcte de Picot, le *Néron* de Delacroix, *Talma et Ducis*, par Ducis neveu, l'*Agonie de Talma* par Robert Fleury, un portrait fort estimable par Lagrenée fils, un bon plâtre de De Bay et quelques dessins.

Rachel personnifie la Tragédie dans deux

statues de Duret, l'une assise, l'autre debout, puis dans une troisième de Clésinger.

La Comédie possède trois bustes de la créa-

trice d'*Adrienne Lecouvreur*; un marbre et un plâtre de Dantan aîné, un plâtre de Thiancourt.

Il y a en outre deux toiles célèbres ; l'une

dans laquelle M. Edouard Dubufe, au dire de ceux qui connurent Rachel, nous la restitue d'une façon saisissante; l'autre qui fit reprocher à M. Gérôme, en dépit d'une admirable exécution, d'avoir donné à la tragédienne appuyée contre une colonne de marbre, une rigidité d'attitude par trop classique.

C'est ce dernier portrait de Rachel, en peplum, que le caricaturiste Cham, parodia si plaisamment dans son salon comique du *Charivari*, en représentant un parapluie ayant pour poignée la tête de Phèdre.

Un don très récent porte à trois le nombre des toiles importantes présentant l'image de l'illustre artiste aux tragédiennes d'aujourd'hui.

C'est son portrait par Muller.

En costume de ville, miséricorde!

Hélas! il ne manquait plus que cela pour nuire à la mémoire de Rachel dans l'esprit des générations actuelles.

Il nous est impossible de nous imaginer ainsi celle qui provoqua tant d'enthousiasme dans tous ses rôles classiques ou modernes.

Seule la statuaire a pu nous la montrer dans de nobles attitudes.

La peinture avait plus et mieux à faire.

Rachel n'était rien moins que séduisante.

Mais, au dire de ceux qui l'on admiré, une sorte de flamme divine éclairait cette physionomie peu attachante et transfigurait l'artiste en scène.

Alors l'incomparable Phèdre était plus que jolie : elle devenait belle.

Voilà ce que des peintres de grand talent, tels que Dubufe, Muller et Jérôme n'ont pas eu le pouvoir de faire revivre sur la toile.

Etait-ce possible ?

Peut-être fallait-il, pour cela, non seulement du talent, mais un peu beaucoup de ce que possédait le modèle du génie.

Sauf un déplorable buste, toutes les reproductions de Mlle Mars sont dignes de l'illustre comédienne.

Une copie d'après Gérard dont l'original appartient à M. de Mornay, mériterait de passer de la galerie obscure de l'administration, au foyer des artistes où Célimène se trouve déjà notamment, ainsi que Rachel, sur l'un des deux tableaux dans lesquels M. Geffroy peignit, à vingt-quatre ans de distance le groupe sympathique de ses camarades.

Signalons encore un portrait de Mlle Mars dans la *Jeunesse de Henri IV* (peintre inconnu), quelques dessins ou gravures, et recommandons tout particulièrement les deux statues de la Comédie, l'une en pied par Duret, l'autre assise, par Gabriel Thomas, représentant avec un égal bonheur, la spirituelle physionomie de la diseuse par excellence.

* * *

Corneille et Molière ne se plaindront certes pas, du haut de la demeure dernière où ils doivent partager la légendaire satisfaction du fameux colonel de Scribe.

Le grand tragique français dont l'énergique physionomie a toujours tenté les maîtres de la sculpture, figure rue Richelieu sous les espèces artistiques d'une énorme statue assise, de quelques statuettes, de deux ou trois bustes plus ou moins de Caffieri (ou inspirés par Caffieri).

Moins *gâté* par les peintres, il a pourtant encore fort bon air sur une grisaille décorative de Lehman et dans la copie de Charles Lebrun, donnée par le Caffieri déjà nommé.

Quant à Molière, il se trouve partout comme chez lui : le voilà attablé par Ingres avec Louis XIV ; on le reconnaît, malgré sa fausse barbe, sur le vieux tableau des *Farceurs fran-*

çais et italiens, provenant de la galerie du cardinal de Luynes ; c'est lui qui fait pendant à Corneille (ou *vice-versâ*) dans l'une des deux grisailles de Lehman, et Hofer l'a mis en médaillon dans la loge du chef de l'Etat.

Autres médaillons à lui consacrés : une copie de Mignard et un portrait attribué tantôt à cet illustre maître, tantôt à Robert Tournières, son contemporain.

L'auteur du *Misanthrope* est encore l'objet de deux couronnements, l'un à fresque par Faustin Besson, l'autre en bas-relief, par Lequesne, dans le marbre de la grande cheminée monumentale du foyer public.

Rappelons pour mémoire : la statue du petit vestibule, et l'excellent buste d'Houdon ainsi que ses nombreuses reproductions en plâtre ; négligeons ainsi qu'il convient tout un stock appréciable de toiles aquarelles, gravures, images coloriées ou non ; réservons une mention spéciale au tableau d'Auguste Régnier reproduisant, dans le cimetière Saint-Joseph (1732), la tombe du grand poète, délaissée, encombrée de ronces, d'herbages parasites et arrivons au célèbre portrait de Mignard, qui peut passer, concurremment avec la statue de Voltaire, pour un véritable joyau du musée de la Comédie-Française.

Ce chef-d'œuvre, acheté 6,500 francs en 1868, à la vente de la galerie Vidal, par l'intermédiaire de M. Etienne Arago, inspira alors, à M. Jules Claretie, une description fort remarquable.

Nous ne pouvons mieux faire, voulant parler comme il convient d'une toile célèbre, que de reproduire in-extenso cette page déjà ancienne de M. l'Administrateur général actuel :

« Ce n'est plus là le Molière attristé, consumé et ravagé que nous connaissons par le portrait du Louvre, c'est un Molière plus jeune, non pas souriant, mais moins amer, plus confiant, regardant avec une sorte de défi cette existence qu'il contemplera bientôt avec abattement.

« Sur ce portrait, Molière a dépassé la trentaine ; c'est un homme vigoureux, ardent, levant ses grands yeux inquisiteurs sur les hommes et sur les choses. C'est « l'acteur » que nous a peint Mignard. Molière, dans le costume de César de la *Mort de Pompée* est représenté en toge rouge, le bâton de commandement à la main. Le bras et le cou sont nus. Sauf la longue perruque couronnée de laurier, c'est le costume romain dans son intégrité, et c'est chose curieuse à noter que Molière, qui, auteur dramatique, introduisit la réalité dans la comédie, acteur, ait voulu l'introduire aussi dans la tragédie. Son costume est, en effet, à peu de chose près exact, authentique. Molière avait rêvé ce que Talma accomplit plus tard.

« Ce portrait date de l'arrivée de Molière à Paris. Il ne joua guère, en effet, la tragédie qu'à cette époque. C'est une bonne fortune pour la Comédie-Française que la possession d'un tel chef-d'œuvre. Non seulement l'œuvre d'art est superbe, d'une conservation parfaite, — quelques repeints exceptés, dans le bras, — mais encore c'est là comme une page d'histoire. On s'imagine en la voyant, Molière portant déjà son monde dans sa tête, et songeant enfin à l'animer. Et c'est ce regard qui confond ; de grands yeux enflammés, à prunelles ardentes. Tout le visage d'ailleurs exprime un bouillonnement intérieur, une soif de lutte, une certaine appréhension, l'émotion de la veillée des armes, mais aussi la conscience même de la force. Les narines du comédien qui va entrer en scène, de l'auteur qui va faire mouvoir ses personnages battent comme des naseaux qui sentent l'odeur de la poudre. Et cette bouche ironique et confiante à la fois, regardez-la : regardez cette lèvre supérieure arquée comme celle d'Alceste, cette lèvre inférieure déjà lasse et froncée comme celle d'Arnolphe. Tout cela est vivant, c'est bien ainsi qu'on pouvait imaginer l'auteur de *Don Juan* et du *Misanthrope*. »

**

Simple remarque.

Certain contemporain de Molière et de Corneille, répondant aux nom et prénom de Jean Racine, passa dans son siècle, et même dans le nôtre, pour un poète tragique non dénué de talent.

Cet écrivain commit, entre autres pièces réputées : *Andromaque*, *Phèdre*, *Britannicus*, *Athalie*, *Esther*, *Bajazet*.

Ces tragédies, dans lesquelles se sont illustrés les plus grands artistes français, constituent l'une des plus fréquentes ressources du répertoire et se succèdent constamment au programme du Théâtre-Français.

Eh bien ! il est temps que la lumière se fasse !

Racine ne fut qu'un poète de pacotille, un simple polisson indigne des honneurs classiques. Sa production théâtrale, admirée par erreur, mérite de tomber dans l'oubli. *Phèdre* est une insanité, *Andromaque* ne vaut pas le diable et toutes ces horreurs ne devront reparaître sur l'affiche sous aucun prétexte.

Ne vous récriez pas !
Si Jean Racine avait eu quelque valeur, si

ses œuvres faisaient vraiment honneur à notre art national, ce poète serait certainement représenté, dans le musée de la rue Richelieu, plus dignement que par un buste médiocre et un méchant portrait.

VII

PLACE AU THÉÂTRE!...

De la coupe aux lèvres. — Un grand projet. — Succursale à Ventadour. — Belle occasion manquée. — Le véritable travail artistique. — La décoration moderne. — Une école à créer. — Les premiers accessoires du monde. — Clôture théâtrale de la saison des huîtres. — Le bric-à-brac de la rue de Richelieu. L'arsenal. — Toutes les cannes! — La cloche de la Saint-Barthélemy. — Garde-meuble de Comédie. — Le fauteuil de Molière. — Un bijou perdu. — L'Académie jugée par les chefs d'accessoires. — Les costumes. — Des goûts et des couleurs. — Trop neufs. Mot de Mounet-Sully. — Où est l'anachronisme? — Quelques garde-robes personnelles. — L'habit de Delaunay. — Courriéristes indiscrets. — A l'avant-scène. — On demande un Grand Régisseur. — Les auteurs de la Comédie-Française. — Le règne de Dumas. — Le retour probable de l'auteur prodigue. — Caliban-le-têtu. — Victor Hugo au théâtre. — Sujet scabreux. — Les susceptibilités d'artistes en tous genres. — Revue de toute la troupe. — Difficultés du bon recrutement. — La concurrence de la rive gauche. — Théâtre d'application. — Les lauréats du Théâtre-Français. — Les émotions d'un soir de première.

Au Théâtre-Français, ni plus ni moins que partout ailleurs, il y a loin de la coupe aux lèvres.

Ce ne sont pas seulement des mois, ce sont parfois des années qui séparent la réception d'une pièce de sa représentation, quand elle n'est pas signée Augier, Dumas, Feuillet, Pailleron.

Comment en serait-il autrement ?

Depuis longtemps la Comédie aurait eu besoin de *deux scènes* pour satisfaire à l'empressement du public, pour représenter toutes les œuvres qu'elle doit accueillir, jouer aussi souvent qu'il le faudrait les répertoires de Molière, Corneille, Racine, Regnard, Marivaux, Voltaire, Victor Hugo, Alfred de Musset, multiplier les instructives restitutions de l'art dramatique à diverses époques de notre histoire théâtrale et fournir enfin, à tous les éléments artistiques de sa troupe, de plus fréquentes occasions de s'affirmer, de s'exercer, de se faire connaître du public et de la presse compétente.

Un moment, avant que la jolie salle Ventadour devint la proie d'une entreprise financière, on put croire que ce programme se réaliserait et que cette succursale de la maison de Molière, dont le besoin se fait autrement sentir que celui d'un second théâtre français, allait être créée.

Malheureusement, M. Perrin ne se décida pas à prendre l'initiative dès démarches nécessaires pour l'accomplissement d'un projet qui, cependant, le séduisait beaucoup.

Il n'avait déjà plus l'énergie et la décision qu'il eût été utile de déployer en ces circonstances décisives; son hésitation perdit tout.

* *
*

On ne saurait établir la moindre analogie entre la Comédie-Française et les autres théâtres, quant à l'étude et à la préparation des pièces inédites.

Ici tout se fait sagement, correctement, largement, prudemment, je dirai même, pour compléter cette succession d'adverbes bien sentis, *confortablement.*

Le confortable dans l'art ; n'est-ce pas ainsi que tout peut se caractériser dans cette opulente maison de Molière ?

Quand la pièce a été lue aux interprètes choisis et que chacun est en possession de son rôle manuscrit, on procède au collationnement.

Cette importante opération, véritable étude du rôle, n'est plus, pour les autres troupes, qu'une formalité ayant pour but unique de corriger le travail du copiste, de faire la chasse aux fautes.

C'est prendre un peu trop à la lettre, le mot « collationnement ».

Jadis on collationnait non pas une, mais vingt, trente fois, afin d'apprendre toutes la pièce et de se familiariser avec les répliques avant d'aller sur le théâtre faire de la mise en scène.

Aujourd'hui, cette excellente habitude est perdue à peu près partout.

Seule, la Comédie-Française l'a conservée et ses auteurs s'en trouvent fort bien.

* **

Tandis que, par cet entraînement préalable, le texte de l'œuvre nouvelle se fixe peu à peu dans les mémoires les plus récalcitrantes, l'Administrateur général met à profit le temps qui lui reste encore avant les premières répétitions.

Il songe à la décoration.

C'est un matériel colossal que celui des magasins du boulevard Bineau.

A part les décors du répertoire et ceux des chefs-d'œuvre modernes qui sont aussi d'un emploi fréquent, on y trouverait un assortiment considérable de toiles de fond, de châssis, de frises et de portants utilisables pour de nouveaux besoins.

Mais ce genre d'économie, condamné par MM. Edouard Thierry et Emile Perrin, ne saurait être adopté par un homme de goût comme M. Jules Claretie.

Et la suprême recommandation faite aux artistes chargés de la décoration d'une pièce à monter, reprise importante ou première, est toujours :

— Ne ménagez rien pour que ce soit digne de nous et de vous-mêmes.

Aussi le Théâtre-Français, autrefois si imparfait à ce point de vue, est-il maintenant tout à fait irréprochable.

Qui ne se rappelle les merveilleux tableaux du quai Malaquais dans *Jean de Thomeray*, du village dans l'*Ami Fritz*, du parc dans le *Sphynx*, de la serre dans le *Monde où l'on s'ennuie*, et les délicieux intérieurs de l'*Étrangère*, des *Fourchambault*, de *Smilis*, du *Parisien*, de *Francillon* et de la *Souris*?

Qui n'a admiré cette bienheureuse restauration des palais, des salons et des jardins de tragédies ou de comédies classiques?

En cela comme en tout, nous retrouvons la perfection locale.

Cependant, il y aurait injustice à vouloir accorder en matière de décoration, le monopole du goût et des résultats artistiques à la Comédie-Française.

Sur cette question seulement, la plupart des autres théâtres sont dignes de rivaliser avec elle.

Et nous pouvons le dire avec quelque satisfaction, jamais l'art complexe et difficile de la décoration théâtrale ne s'est élevé aussi haut chez nous.

Les Ciceri, les Dépléchin, les Chéret ont laissé des successeurs qui, eux, ne laisseront plus de progrès à réaliser.

Oui, ce sont de véritables maîtres que MM. Rubé, Chaperon, Lavastre, Carpezat, Jambon, Robbecchi; ils ont, ainsi que leurs dignes élèves, transformé ce qui ne fut longtemps qu'un métier en un art bien français par son exactitude et sa séduction.

Ce réalisme aimable, intéressant et gracieux, toujours inspiré par un sentiment vrai de la nature, est bien supérieur à la décoration aveuglante et criarde des scènes anglaises, sur lesquelles triomphent surtout le clinquant et la verroterie.

* * *

La question des accessoires est légendaire rue Richelieu.

Meubles, bibelots, gastronomie scénique : tout est d'une authenticité absolue.

Les personnages doivent ne s'asseoir que sur des sièges de l'époque où se passe l'action, ne manier que des armes sérieuses, ne découper à table que des poulets en chair et en os au lieu de cartonnages articulés *ad hoc* et, surtout lorsqu'ils s'écrient :

— Allons, chevalier, laissez-moi vous offrir un verre de cet excellent Pomard !

Ne point déboucher du Suresnes première qui, faisant grimacer l'amphytrion et son hôte, les empêcherait d'exprimer le sentiment de bien-être qu'exige la situation.

A cet égard, la tradition, sur laquelle on s'est, je pense, quelquefois relaché depuis, fut longtemps observée avec une conscience invraisemblable.

La soupe à l'oignon du *Bonhomme Jadis* ne pouvait être que de la soupe à l'oignon. Vainement les ingénues, qui généralement en ont horreur, demandèrent que ce fût du vermicelle, affirmant avec raison que le public n'y verrait rien, on s'en tint à la rigoureuse exactitude.

Autre exemple de cet excès de scrupule. Dans je ne sais quelle comédie moderne, quelques années avant la guerre, Provost père devait avaler en scène une demi douzaine d'huîtres que la régie lui servait « excellentes », selon les exigences du manuscrit.

La pièce avait un réel succès, mais dès les premiers jours du mois de mai, elle disparut subitement de l'affiche... en même temps que les huîtres disparaissent des Halles et, comme ces mollusques comestibles, pour toute la durée des mois sans *r*.

En septembre, la reprise de l'œuvre en vogue concorda avec l'arrivée des premières bourriches de la saison sur le carreau des Halles.

N'était-ce pas excessif ?

Ne nous étonnons pas si le magasin d'accessoires et le garde-meuble renferment tant d'objets d'une réelle valeur.

Autant que possible, on évite, sur notre première scène, l'emploi des objets de pacotille et des camelottes factices qui ne supportent pas l'examen à la lorgnette.

Les objets les plus volumineux sont accumulés dans les magasins du haut, près les ateliers des costumiers et costumières, dans un ordre admirable.

On y trouve l'un des arsenaux historiques les plus complets qui soient au monde.

C'est l'une des richesses de la maison.

Javelots, massues, framées, carquois bourrés de flèches, lances, haches, faisceaux, casse-têtes, arbalètes, tridents, mousquets, arquebuses, fusils, carabines, pistolets, revolvers; casques de tous les temps et de tous les pays; épées, sabres, poignards en tous genres : c'est un méli-mélo d'armes de destruction qu'il faut prendre au sérieux, lorsqu'on traverse les salles où elles s'alignent en bon ordre, menaçantes et supérieurement astiquées.

Je mentionne pour mémoire les cottes de mailles, les armures et les boucliers qui rentrent dans la catégorie des costumes.

C'est le long, tout le long du couloir sur lequel s'assure la communication de la salle, que de vastes armoires renferment les ustensiles courants : cordons de sonnettes, objets ménagers, portraits, miroirs, couverts, services à thé, candélabres, statuettes, petits bronzes, poignards, urnes, coucous, lampes, couronnes, mains de Justice, pendules de tous styles, instruments de musique, garnitures de cheminées, vide-poches, tabletterie, jeux variés, carafons, amphores, bouteilles, coupes, corbeilles à ouvrage, tapisseries inachevées et, bien entendu, tout ce qu'il faut pour écrire ces lettres de comédie qui, dans le répertoire moderne, compromettent si fréquemment la paix des ménages.

Encore n'y a-t-il ici que les menus accessoires, ceux dont la petite dimension a permis la réunion dans cet espace relativement étroit.

Les cannes sont fort intéressantes.

Celles des grands seigneurs et des petits marquis de Molière ont de longs manches en or ciselé, ou sont incrustées de pierreries, avec la dragonne en passementerie d'or et d'argent; celles des pères nobles de nos jours sont coudées ou à bec de corbin.

Beaucoup de joncs et de badines élégantes.

Les cannes de médecin sont généralement en

ébène avec poignée d'ivoire, quelle que soit l'époque : figurez-vous à peu près celles des ordonnateurs de pompes funèbres (*vulgo :* commissaires des morts.)

On est toujours cruel pour la Faculté chez l'auteur du *Malade imaginaire !*

Un méchant bâton sert de canne à MM. Clerh,

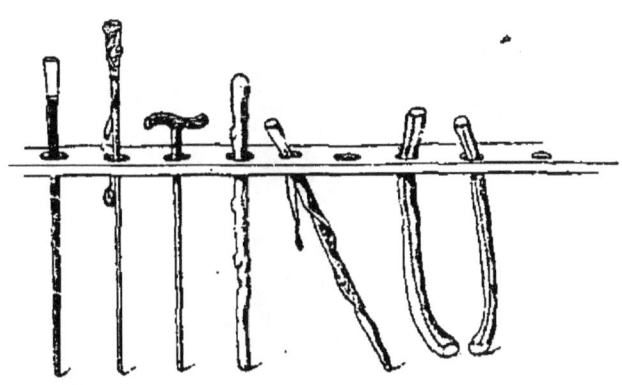

Leloir ou Laugier, lorsqu'ils jouent l'*Avare ;* en revanche, la longue canne du fils prodigue est d'un luxe outré.

Très grand assortiment de bâtons interminables, dont la courbure exprime le caractère des personnages qui les portent; aussi quelques bâtons de pèlerins.

L'accessoire du genre le plus important est de beaucoup le bâton rembourré avec lequel se portent, en apparence, de si rudes coups sur les échines de personnages classiques.

On le renouvelle très souvent rue Richelieu, ce qui permet de supposer qu'on se bâtonne de grand cœur, entre bons camarades.

Les cloches de la Comédie-Française, sont des accessoires célèbres.

L'une d'elle, jadis suspendue, dit-on, au bef-

froi de Saint-Germain-l'Auxerrois, aurait donné, dans la nuit terrible du 24 août 1572 (Saint-Bar-

thélemy) le signal de ce massacre des huguenots auquel le répertoire de l'Opéra doit le chef-d'œuvre de Meyerbeer.

Cette légende ne s'est pas établie sans contestations de la part d'érudits grincheux qui s'efforcèrent de prouver, à la suite de longues recherches dans des documents poussiéreux, que les cloches dites de la Saint-Barthélemy furent réquisitionnées et fondues pour être converties en canons, pendant la période révolutionnaire, ainsi que celles de toutes les autres églises de Paris.

A cela, il est vrai, d'autres fureteurs d'archives ont répondu :

« Joseph Chénier aurait alors obtenu que l'une des cloches de Saint-Germain-l'Auxerrois, fût réservée au Théâtre-Français, qui n'en avait pas pour donner le signal de... la Saint-Barthélemy, dans son *Charles IX!!...* »

On voit que le goût du réalisme dans la mise en scène ne date pas tout à fait d'hier.

Voici maintenant, après le musée, le plus riche trésor de la Divine Comédie.

C'est son garde-meuble.

Celui-là pourrait rivaliser avec les collections royales de certains pays.

D'abord, vous y trouverez le fauteuil où Molière fut pris, en jouant le *Malade imaginaire*, du mal qui devait l'emporter en quelques heures.

Dans les magasins de l'avenue d'Antin, comme au théâtre même, on parcourt avec admiration ces galeries remplies de chefs-d'œuvre d'art industriel, dignes des maîtres de l'école française, sans rivale dans l'ameublement.

Les bois sculptés, les sièges de pur style, les dorures anciennes font, ainsi que les belles tapisseries, les étoffes brochées, l'admiration des amateurs admis à visiter cet incomparable garde-meuble.

— La belle vente qu'on pourrait faire ! s'écria dernièrement un expert émerveillé.

Le fait est que toutes les époques qui comptent, sont représentées là par des mobiliers d'un style irréprochable.

Les meubles Louis XIV dominent par leur nombre, par leur cachet de véritable élégance et surtout par la richesse de leur ornementation.

Ombre au tableau. Les comédiens ne possèdent, pour les *Précieuses ridicules*, qu'une odieuse chaise à porteurs en toile peinte.

Et cependant, jadis, ils eurent en magasin une véritable merveille !

Il est vrai qu'on ne pouvait s'en douter.

Seule, la forme élégante de cet accessoire ambulant pouvait donner l'éveil ; mais une horrible couche de couleur unie laissait à l'ensemble un aspect tellement déplorable, les bois semblaient en si mauvais état, qu'un beau jour, le tapissier du théâtre, las de voir cette horreur encombrer un palier, se demanda s'il fallait brûler ou vendre un accessoire qui ne *présentait* aucune valeur artistique et que, très certainement, on n'oserait jamais remontrer sur la scène.

Fort heureusement pour l'art, on vendit le véhicule réformé.

Un vieux marchand de bric-à-brac l'acheta presque pour rien, sans enthousiasme...

Mais jugez de la joie du bonhomme, lorsqu'un hasard lui fit découvrir que, sous la couche de peinture à la colle déjà écaillée par endroits, se trouvait toute une adorable décoration signée Boucher.

C'était un bijou artistique d'un prix considérable.

Il faut que le chef d'accessoires soit le vivant catalogue de cet immense matériel.

Responsable envers son supérieur hiérarchique, M. Guilloire, ainsi qu'envers le chef machiniste, M. Devoir, il n'a pas trop de toute son habileté, de toute sa présence d'esprit pour éviter, pendant le spectacle, des accrocs essentiellement fâcheux.

Longtemps, bien longtemps, nous avons vu dans ce poste important le vénérable mais alerte M. Dorius, aujourd'hui retraité.

Son successeur et ancien élève, M. Dérélot, est un employé actif, intelligent.

Encore très jeune, il connaît à fond son répertoire; seulement il le juge à son point de vue professionnel, appréciant les auteurs d'après le choix de leurs accessoires.

Sardou est son auteur de prédilection, à cause des *Pattes de mouche* et du catalogue des objets de toute sorte qui, non moins que les personnages, prennent part à l'action.

M. Dérélot ne m'a pas fait confidence de ses sentiments littéraires, mais je le préjuge malveillant pour les académiciens qui, comme Augier et Feuillet, laissent leurs acteurs *les mains vides*.

Aimant sa spécialité par dessus tout, il s'acquitte de sa tâche avec un soin extraordinaire, ne laissant rien au hasard et faisant, trois fois pour une, l'inventaire des accessoires qu'il doit préparer, puis disposer sur les meubles, accrocher au décor ou remettre aux artistes.

Ce n'est jamais avec lui qu'un pistolet ratera en scène ou qu'un notaire trouvera des paquets de carottes dans son portefeuille au moment de faire signer le contrat de la marquise ou le testament du chevalier.

* * *

Nous aurions pu débuter par l'intéressante question des costumes.

C'est par eux, effectivement, que commence pour ainsi dire la préparation des nouveaux spectacles.

Dès qu'une pièce doit *passer*, parfois même avant la lecture aux interprètes, le manuscrit est soumis au dessinateur, M. Bianchini.

Ce jeune artiste de grand talent a pris dans nos premiers théâtres une situation fort belle et fort enviable.

Il est, à la fois, le dessinateur attitré de la Comédie-Française et de l'Opéra ; et il est rare qu'en dehors de *ses* deux scènes subventionnées, il ne soit appelé à faire ailleurs les costumes de pièces importantes pour lesquelles le directeur se livre à de grosses dépenses de mise en scène.

Cela lui procure l'occasion de succès, qui font honneur à son habileté.

C'est donc avec un goût et une compétence indiscutables que M. Bianchini étudie, approfondit une pièce inédite pour dresser, après lecture, un état d'habillement qu'il arrête et discute ensuite, avec l'administrateur général.

Ce genre de devis, une fois établi, d'après la quantité de personnel employé et le nombre des changements, le dessinateur se livre s'il y a lieu à des recherches historiques, puis se préoccupe de l'échantillonnage des couleurs.

C'est là l'une des plus grosses, sinon la plus grosse difficulté de toute la mise en scène des pièces à costumes.

Je dirai plus, c'est également un important problème à résoudre dans les comédies modernes, jouées, selon l'argot du métier, en toilette de ville. M. Emile Perrin qui, pour médiocre peintre qu'il avait été, entendait en grand artiste la combinaison des nuances, se préoccupait autant de la tenue des comédiens dans une pièce d'Augier, que dans une tragédie de Corneille, un drame de Dumas père, une comédie de Marivaux, faisant supprimer un pantalon trop clair, une robe trop sombre, un manteau trop éclatant comme il eût réformé une trousse Henri III, un tonnelet Louis XIV, une jupe à paniers.

En réalité, peu d'auteurs, peu d'artistes ont l'œil suffisamment exercé, pour se rendre compte, d'après un simple dessin, de la couleur générale que prendra le costume exécuté conformément aux indications du peintre.

Les femmes sont à peu près inspirées par un certain instinct naturel.

Et puis, ne sont-elles pas guidées, même pour les costumes historiques, par le goût exercé de leur couturière ?

Mais les hommes !

Ils sont incompétents et font généralement preuve de la plus parfaite indifférence.

Celui-ci a des idées d'un autre temps ; celui-là a l'instinct naturel des tons criards et se débat comme un beau diable, contre ceux qui veulent l'habiller avec le goût et le respect de la couleur locale que comportent les rôles où il se montre si bon comédien.

Seuls, parmi les anciens, MM. Febvre, Mounet-Sully et Prud'hon secondent réellement les efforts artistiques du dessinateur.

Cela se révèle du reste, dans leur façon de porter les travestissements faits pour eux.

Je passe rapidement sur l'exécution industrielle.

Il est bien entendu que rien n'est ménagé dans aucun cas, que ce sont les meilleures étoffes, les plus beaux velours, les satins les plus doux, les fournitures les plus chères sur lesquels travaillent des ouvriers et des ouvrières d'élite, sous la direction de contre-maîtres éprouvés, dans les ateliers installés au quatrième étage du théâtre.

Seul un détail donnera idée de ce réalisme du luxe : on est parvenu, en s'appliquant, à dépenser jusqu'à dix mille francs pour un seul costume.

Et encore, les bijouteries étaient fausses !

Règle universelle.

Aux Français, à l'Opéra, un peu partout, les costumes, souvent si difficiles à porter, ne sont guère mis qu'une seule et unique fois avant la première.

Souvent même, la répétition générale n'est qu'une sorte de grand essayage, après lequel le maître costumier fait exécuter les *poignards* (*vulgo* : réparations) de la dernière minute.

Vingt-quatre ou quarante-huit heures après, artistes et figurants apparaissent en public, avec des accoutrements que l'on a retouchés, que l'on retouchera encore et dans lesquels ils semblent gênés, empotés, ankylosés, préoccupés de leurs entournures et n'osant plus s'abandonner à une gesticulation naturelle.

Ce n'est pas là le seul inconvénient pour la vraisemblance de l'action et le réalisme des tableaux vivants qui se succèdent sous les yeux du public.

L'ensemble est d'une fraîcheur outrée, d'un éclat aveuglant, le chatoiement des nouvelles étoffes donne l'impression d'un spectacle de féerie.

Ces gens-là sont trop beaux, trop endimanchés, pour être intéressants.

Tout cela est d'un neuf agaçant.

Un comédien doué entre tous, M. Mounet-Sully, fut choqué, surtout pendant les répétitions d'*Hernani*, par ces errements anti-artistiques.

Aussi eut-il toujours soin, à partir de cette pièce, de répéter longtemps avec ses costumes auxquels il est fait, brisé, habitué les jours de premières.

Le soir d'*Hernani*, comme on le complimentait sur la façon dont il avait à la fois joué et habillé le sombre héros de Victor Hugo, notre tragédien, acceptant les éloges pour lui... et pour son costume, répondit :

— Que voulez-vous ? *nous* avons travaillé

ensemble : *il* sait le rôle aussi bien que moi-même.

Le magasin de costumes pourrait fournir, pendant de nombreuses années, le répertoire de tous les autres théâtres.

Il renferme plus que le nécessaire.

De grands sacrifices ont surtout été faits sous la direction Emile Perrin.

Les classiques furent remontés de fond en comble.

« Plus d'anachronismes ! » avait déclaré le successeur de M. Edouard Thierry.

Et toutes les tragédies de Corneille, de Racine, avaient été entièrement remontées, ainsi que les comédies de Molière.

Il y aurait, sur ce dernier point, bien des réserves à faire.

Quel inconvénient y aurait-il à faire jouer le *Misanthrope* en Louis XV ?

Alceste resterait, dans une autre tenue, « l'homme aux rubans verts », et les comédiens, qui portent tous assez bien l'habit à la française, ne seraient plus empêtrés de ce costume Louis XIV, si riche, si élégant, mais dans lequel ils ont presque tous la tournure gauche, la démarche lourde.

Rappelez-vous à quel point M. Delaunay, si remarquable dans certaines parties du rôle d'Alceste, y parut cependant petit et étriqué, écrasé qu'il était par ce maudit tonnelet qui ne convient qu'aux artistes de belle taille, ainsi qu'aux comiques replets dont il augmente les effets burlesques.

Croyez-vous que M. Delaunay et, après lui, M. Worms, n'eussent point gagné à ce que le chef-d'œuvre de Molière fût représenté avec des costumes qu'ils portassent avec plus de grâce et de désinvolture ?

« Anachronisme! » me répétera-t-on.

J'avoue ne pas voir d'anachronisme en cette affaire.

Savez-vous que le *Misanthrope* pourrait sans trop de convention, se jouer en habit noir.

Nous ne demandons pas cela.

Mais enfin quel est l'essentiel dans cette immortelle mise en action de sentiments humains ?

N'est-ce pas l'étude des caractères?

La misanthropie, l'amour aveugle, le dévouement importun, la jalousie, la vanité, l'orgueil, la duplicité et surtout — oh! surtout la coquetterie féminine, constituent-ils une particularité spéciale au monde du dix-septième siècle?

Ces sentiments, dureront, tels que Molière nous les montre, tout autant que l'imparfaite humanité.

Dès lors, ne parlez pas d'anachronismes, ne voyez plus la fameuse couleur locale où elle n'a que faire et habillez-nous les personnages du répertoire classique, chaque fois que nul texte ne s'y oppose, de façon à leur éviter les anachronismes d'allures.

Ou bien restituez-nous, avec cette exactitude du costume Louis XIV, qui n'est qu'une question de main d'œuvre, l'exactitude dans la façon de le porter.

Il se trouve que l'immense garde-robe historique de la Comédie, serait plutôt dépourvue de ces costumes Louis XV et Louis XVI qui sont, a dit Samson « l'habit noir des pièces à costumes ».

Le nombre de ceux que l'on possède est assez considérable pourtant. Mais l'ensemble n'est point assorti aux besoins du répertoire.

Il y aurait une reconstitution intelligente et raisonnée à faire de ce côté

Parmi les costumes de cour, on trouverait justement d'admirables modèles que des peintres vont souvent consulter, car ils proviennent de dons faits aux comédiens du Roy par des grands seigneurs du siècle dernier.

C'était alors un usage qui se pratiquait avec assez de tact pour que la troupe pût accepter de pareils cadeaux, sans manquer à sa dignité artistique.

Les plus brillants, les plus somptueux gentilshommes de France, ayant pris le genre de ne montrer qu'une fois ou deux, à la Cour, des habits de gala d'un prix très élevé, aimaient ensuite à les voir porter en scène par ces sociétaires, modèles de noblesse et de distinction, qui s'appelaient Molé, La Rive ou Fleury.

Chaque comédien possède sa garde-robe théâtrale.

Celle de M. Febvre est citée entre toutes.

M. Delaunay, dans sa retraite, peut revivre toute son existence théâtrale en inventoriant sa magnifique collection de costumes.

Presque tous les rôles y sont représentés.

Mais il existe dans le nombre, un habit qui lui est particulièrement cher, un habit dont l'histoire est liée en quelque sorte à la sienne.

Voici comment le comédien et l'habit se rencontrèrent.

C'était... en 1846.

Le futur Perdican de Musset faisait en ces temps lointains, ses premiers pas sur les planches.

Il était attaché à la troupe de l'Odéon, moyennant 80 francs par mois.

Certain soir, Delaunay vit arriver dans sa loge un costumier qui lui dit :

— Monsieur, je viens vous offrir un superbe habit de cour.

— Que voulez-vous que j'en fasse ? demanda le jeune artiste, qui ne se souciait guère de se monter une garde-robe avec les faibles appointements que lui servait la direction Bocage.

— On m'a dit que vous deviez jouer le *Menteur*.

— En effet.

— Eh bien ! ne vous sera-t-il pas plus agréable de vous montrer en riche costume, plutôt qu'avec celui que vous fournira le théâtre ?

— Évidemment, mais ma situation pécuniaire...

— Oh ! cela ne vous coûtera pas si cher que vous le pensez... Cet habit m'a été commandé par M. Baroche pour le bal travesti des Tuileries ; il me reste pour compte et n'est pas d'un placement facile. J'ai donc intérêt à vous le céder pour un prix exceptionnel.

— Combien ?

— Juste la moitié de ce que je l'avais vendu : cinq cents francs.

Delaunay obtint de sa mère quelque argent pour donner un premier acompte et acheta à tempérament l'habit du futur ministre de Napoléon III.

Cette acquisition lui porta bonheur.

Le comédien et son habit firent merveille, l'un portant l'autre, dans le *Menteur*, et le rôle de Dorante valut à Delaunay son premier grand succès du répertoire classique.

Plus tard, devenu l'une des vedettes de notre grande scène, il conserva ce témoin de la période héroïque d'une magnifique carrière.

Durant vingt-cinq ans, il ne voulut pas paraître dans le *Menteur* avec un autre habit.

Tant que la comédie de Corneille se joua en poudre, il eût plutôt abandonné le rôle à M. Boucher, que de ne plus mettre cet ami des premiers jours.

Cependant, il fallut bien que Dorante et son vieil habit se séparassent enfin, le jour où M. Emile Perrin décida que les comédies du dix-septième siècle seraient remontées en Louis XIV.

Un moment, M. Delaunay avait songé à remettre son costume de 1846, le soir de sa représentation d'adieu (16 mai 1887), dans le premier acte du *Menteur*, que l'on eût joué, par exception, selon les anciens errements.

Malheureusement l'habit ne se fût pas prêté à cette touchante fantaisie ; moins heureux que son maître, il avait considérablement vieilli.

L'un des coups d'œil les plus amusants des magasins de la garde-robe est celui que présentent les armoires aux perruques.

Le long des rayons sont alignés, sur champignons, les perruques frisées, roulées à l'antique, les rugueuses tignasses mérovingiennes, les édifices capillaires qui complètent le costume et les modes du grand siècle, la série des perruques poudrées : nid de pies, rhinocéros, cabriolet, comète, singulière, à la maître d'hôtel, à la Gentilly ; sans compter les perruques à frimas, les perruques à marteaux et tout le postiche moderne, depuis le « front de chauve » jusqu'au faux toupet.

L'origine de cette galerie spéciale est fort ancienne.

Ce ne sont pas les vieilles perruques qui manquent au Théâtre-Français.

Ne quittons pas le pays du costume sans jeter un coup d'œil au vestiaire dit « de la Faculté. »

C'est là que sont accumulées les robes rouges, garnies d'hermine dont se revêtent tous les artistes, sociétaires ou autres, lorsque la représentation du *Malade imaginaire* ou du *Médecin malgré lui* comporte la cérémonie finale, ce qui n'a lieu que dans des circonstances commémoratives, c'est-à-dire deux fois par an.

Cette cérémonie n'est intéressante que par la façon solennelle ou familière, prétentieuse ou modeste, hautaine ou polie, dont chaque comédien vient saluer le public.

Il faut avoir vu cela une fois par curiosité pure.

PLACE AU THÉATRE

Donc, costumes, accessoires, décors se préparent simultanément.

Et tout est en œuvre, lorsque se termine la minutieuse collation des rôles.

On va répéter, descendre à l'avant-scène.

C'est à ce moment que commencent aussi les indiscrétions des courriers de théâtre.

Souvent même, la pièce est racontée tout au long, ce qui, sans profit pour personne, représente un préjudice, dont quelque auteur grincheux, finira bien par demander compte à l'imprudent informateur.

Parfois, la révélation complète du sujet et des développements de l'action se fait peu à peu, par bribes ; la pièce est déchiquetée, servie par petits fragments que le lecteur parisien, expert en ce genre de rébus faciles, sait très bien rassembler en un tout plus ou moins homogène.

Quelles précautions prendre pour éviter tout cela, au moins jusqu'à la répétition générale ?

On n'y est parvenu absolument que pour une seule pièce : les *Fourchambault*, d'Augier.

Par quel miracle ?

C'est encore ce qu'on ne peut comprendre au théâtre.

Il y a seulement cinq or six ans, ces divulgations inutiles ne semblaient même pas à craindre.

Le secret était-il donc mieux gardé au théâtre?

Nullement. Mais les journalistes étaient plus discrets et pensaient que le récit prématuré d'une scène, d'un acte, voire d'une œuvre entière aurait constitué, de leur part, une véritable forfaiture.

Aujourd'hui, ce qui eût passé jadis pour une mauvaise action est devenu « l'exercice régulier d'un mandat », ainsi que me l'a déclaré avec plus de solennité que de clarté, l'un des jeunes pontifes du courrier théâtral.

*
* *

Comment je l'ai expliqué à quelques pages d'ici, les rôles sont à peu près sus lorsque commence l'important et attachant travail de la mise en scène.

Les artistes font donc promptement sur le théâtre bonne et utile besogne.

Le semainier n'a guère à intervenir que pour assurer le service régulier des répétitions.

L'auteur préside généralement aux études, assisté souvent d'un sociétaire que ses succès, sa situation, son expérience consommée ont fait choisir pour « monter la pièce. »

MM. Got, Delaunay, Coquelin, ont, dans ces fonctions improvisées, rendu d'inappréciables services au théâtre.

Mais le résultat obtenu, grâce à leur concours volontaire, prouve qu'il y a une fonction à créer, celle de Régisseur général.

Il y a bien un régisseur, l'excellent et zélé M. Jamaux. Attentif, travailleur et merveilleusement intentionné, il ne peut cependant, déjà accablé de besogne, s'occuper de la partie essentiellement artistique des pièces.

Et puis songez-vous à l'autorité qu'il faut avoir pour mettre en scène les comédiens qui sont au coin de la rue Saint-Honoré ?

M. Jamaux ne serait pas, comme disent les philosophes, informé pour cela.

On avait cru, quelque temps, que M. Delaunay, metteur en scène hors ligne. aurait pu devenir, sous la qualification de « Directeu artistique », ou de « Chef des études artistiques » (le titre ne fait rien à la chose), le régisseur général tant désiré.

Il en avait été très sérieusement question.

De quel côté sont venus les obstacles ? on n'a jamais voulu le savoir.

L'occasion était pourtant excellente pour organiser aux Français l'étude et le perfectionnement des pièces inédites, en même temps que le maintien des bonnes traditions dans tous les répertoires.

L'administrateur général n'intervient que lorsque l'ensemble a pris tournure.

C'est le premier spectateur, celui dont on guette d'abord les impressions, sur lequel on essaie les effets supposés.

Mais, lorsque le maître de la maison est venu deux ou trois fois, il entre dans le mouvement et cesse d'être juge pour devenir, lui aussi, l'un des collaborateurs du succès espéré.

M. Emile Perrin s'installait à l'avant-scène dès les premières répétitions, car il aimait la besogne du théâtre jusque dans ses menus détails.

Cette habitude devait lui valoir l'approbation des comédiens, malgré — ou plutôt à cause des inconvénients qu'elle présentait pour le prestige de sa très haute situation.

Le directeur actuel, M. Jules Claretie, est revenu aux coutumes traditionnelles de la maison, laissant l'auteur *se débrouiller* et mettre son œuvre en marche avant que d'intervenir.

L'homme du siècle dont il faut toujours s'inspirer en de pareilles questions, Montigny, ne procédait pas autrement au Gymnase.

*
* *

Nous voici au moment d'inventorier les ressources littéraires dont un administrateur-général actif, laborieux et animé, comme M. Jules Claretie, du désir de très bien faire, peut disposer pour défendre le prestige de la maison de Molière et en maintenir la bienheureuse prospérité ?

Quels sont les auteurs de la Comédie-Française ?

L'espèce en est multiple, puisqu'elle va de l'Académie au collége, de l'Immortel accablé de succès, de rhumatismes et d'années, à l'apprenti parnassien, à l'échappé de rhétorique qui prélude à une carrière, souvent médiocre, en rimaillant, selon la formule, des à-propos pour anniversaires classiques.

L'auteur de la Comédie-Française, peut être parfois un grand écrivain dramatique ; mais ce n'est pas toujours un homme supérieur. Certains talents, assez modestes, ne sont pas déplacés sur notre première scène, tandis que des auteurs en vogue ne sont jamais de la maison, même lorsqu'ils y font représenter, comme par hasard, une œuvre quelconque.

La valeur artistique, la notoriété littéraire, ne sont donc pas des titres absolus. « Etre de la maison » est aussi une question de milieux, de relations, de cravate et de *Revue des Deux-Mondes*.

Hugo mort, le premier nom qui se présente à l'esprit est celui d'Emile Augier.

Le doyen des auteurs du Théâtre-Français est précisément l'ami d'enfance, l'ancien camarade de collége du doyen des artistes.

Les relations de MM. Emile Augier et Got, se sont d'autant mieux maintenues, qu'après s'être partagé jadis les premiers prix des concours généraux, ces deux hommes ont passé leur existence à triompher ensemble — l'un par l'autre — sur notre première scène.

Comment le bon accord ne se serait-il pas maintenu entre le créateur et l'interprète des *Effrontés*, du *Fils de Giboyer*, de *Maitre Guérin* et des *Fourchambault* ?

Les petites créations entretiennent l'amitié.

Question intéressante pour la Comédie-Française : peut-elle, oui ou non, compter sur de nouveaux efforts de l'auteur de *Gabrielle?*

Aura-t-on, un soir ou l'autre, la grande pièce toujours annoncée, depuis bientôt six ans, par les familiers de M. Emile Augier?

Je commence à croire que le magnifique répertoire du maître, pourrait bien s'arrêter définitivement aux *Fourchambault* de 1878.

Le brillant académicien serait assurément en état de produire d'autres chefs-d'œuvre et d'écrire encore plus d'un rôle pour M. Got ; mais il se contente de retoucher, de perfectionner son répertoire, supposant sans doute qu'une pièce nouvelle n'ajouterait rien à sa gloire.

Tout autres sont les dispositions de M. Octave Feuillet.

Le délicieux écrivain de *Monsieur de Camors*, a fait rue Richelieu, avec son *Chamillac*, une rentrée digne de lui.

Je dis « rentrée », parce que, en effet, il y avait eu sortie.

Malgré son triomphe du *Sphynx*, M. Feuillet s'était laissé séduire, il y a quelques années, par la direction du Gymnase, qui dut assurément lui offrir des avantages exceptionnels pour obtenir son *Roman Parisien.*

Il paraîtrait même que seule, la concurrence redoutable de M. Georges Ohnet, sur le boulevard Bonne-Nouvelle, avait été pour beaucoup dans ce retour inattendu d'un auteur prodigue.

Cependant, M. Octave Feuillet pourrait bien se retrouver un jour ou l'autre, aux Français, en compétition avec le jeune confrère qu'il a laissé boulevard Bonne-Nouvelle.

Les innombrables détracteurs de l'auteur de *Serge Panine* auront beau se récrier. Nous verrons, plus tôt qu'ils ne pensent, le nom le plus fortuné du théâtre sur l'affiche de la Comédie.

Celui de M. Albert Delpit — un autre auteur applaudi au Gymnase — y est bien venu !

Quelle que soit l'œuvre que leur apportera M. Georges Ohnet les membres du comité de lecture regretteront toujours de n'avoir pas eu le *Maître de Forges*... et ses magnifiques recettes.

M. Ohnet, premier au Gymnase, n'aura pas d'ailleurs la tentation de viser cette place aux Français, où elle est prise pour longtemps par M. Dumas qui, par la reprise du *Demi-Monde*, par l'*Etrangère* et *Denise*, contribua, concurremment avec les belles restitutions du répertoire de Victor Hugo, à la grande fortune de la direction Perrin, et dont la *Francillon* inaugura le règne de M. Jules Claretie avec un si grand éclat.

Depuis que le poète national repose au Panthéon, M. Alexandre Dumas gouverne presque sans partage à la Comédie-Française. Son influence est prépondérante dans le haut sociétariat de l'endroit. Au foyer, sur la scène, chez l'administrateur général, parmi les abonnés du mardi, on ne jure que par son nom, on ne compte que sur lui.

Et qui donc pourrait lui disputer actuellement cette suprématie ?

Ce n'est pas — ou du moins cela ne peut plus être M. Emile Augier — ni M. Octave Feuillet.

Ce sera peut-être, mais pour l'instant ce n'est pas M. Victorien Sardou qui, presque invincible sur les scènes du Vaudeville, du Gymnase et de la Porte-Saint-Martin, ne s'est pas encore très bien acclimaté à la Comédie-Française.

Peu de gens connaissent le terrain de la maison aussi bien que Dumas.

Il en a étudié les ressources plus qu'aucun autre membre de la Société des auteurs, et je donne comme une merveille de logique fantaisiste son programme de direction à la Comédie : « Jouer le répertoire, principalement l'été, pour satisfaire aux exigences du cahier des charges ; reprendre assez régulièrement les deux chefs-d'œuvre du romantisme, *Hernani* et *Ruy-Blas*, — ainsi que le répertoire de Dumas père ; recevoir de confiance tout ce que présentent les deux ou trois auteurs à succès du lieu ; accueillir à bras ouverts Sardou, si l'occasion s'en présente, et surtout — recommandation capitale — éviter de jouer un jeune... afin de ne pas mécontenter tous les autres.

Seul peut-être, M. Edouard Pailleron, dont le public guetta la *Souris* avec tant d'impatience, arriverait avec un nouveau grand succès, à porter ombrage à Dumas — s'il pouvait y avoir, entre académiciens, autre chose qu'une noble et haute émulation.

M. Edouard Pailleron réussit à la Comédie comme ailleurs, parce qu'il est un de ces êtres privilégiés qui n'eurent que de bonnes fées autour de leur berceau.

La fortune inouïe de son *Monde où l'on s'ennuie*, le profit pécuniaire et académique qu'il en tira, la réussite persistante et souvent méritée de ses manifestations théâtrales si sagement espacées : tout contribue à faire de lui l'un des plus heureux manieurs de plume qui soient dans le monde des lettres.

5.

Heureux : il est impossible de l'être davantage.

Aimable, spirituel, tout à la joie de vivre, bel homme à ses heures, élégant à sa façon ; ne se produisant jamais qu'avec un à-propos qui n'est pas sans contribuer à la constante réussite de ses pièces ; ayant, d'autre part, assez de talent pour se faire pardonner des richesses dont il n'abuse pas, ce millionnaire d'esprit ne compte autour de lui que des amis, des admirateurs et des complaisants.

Chacun de ses pas semble fait de fleurs et, malgré l'humour offensif dont il émaille sa conversation, on ne lui connaît même pas d'envieux.

Enfin, semblable en cela à son Bellac, Pailleron triomphe surtout auprès de la plus charmante moitié du public.

Les femmes sont toujours et quand même avec l'auteur de l'*Age ingrat*.

Une jolie étude mondaine en trois actes, le *Parisien*, a ramené sur l'affiche le nom justement aimé de M. Edmond Gondinet.

Par quelle aberration artistique est-on resté si longtemps, rue Richelieu, sans même songer à monter une œuvre de l'auteur applaudi de *Christiane* ?

C'est d'autant plus inexplicable qu'il n'y avait aucune raison, — même mauvaise — pour ne pas s'attacher un écrivain qui, plus heureux en cela que certains émules du Gymnase, du Palais-Royal et du Vaudeville, sut prendre d'emblée le ton de la maison.

Gondinet avait débuté rue Richelieu par un franc succès. De plus, il s'était concilié, là comme partout, la sympathie des artistes et de l'administration supérieure; d'autre part, c'est un des rares auteurs dont le comique repose toujours sur un véritable fond de comédie ; il possède enfin ce don d'observation auquel le répertoire moderne doit tant d'œuvres charmantes.

Et cependant, je le répéte, une longue période d'ingratitude s'est écoulée sans que ses anciens interprètes songeassent même à reprendre sa première pièce.

Qui eût dit, au lendemain de *Christiane*, que l'écrivain si vite acclimaté sur notre grande scène littéraire attendrait près de quinze années avant d'y retrouver l'occasion de nouveaux applaudissements?

L'occasion... ce n'est pas cela qui aura manqué à Henri Meilhac.

Il semble pourtant que l'homme de tant

d'esprit, que le Parisien, si délicieusement original auquel le répertoire local doit, ainsi qu'à M. Ludovic Halévy, ce petit chef-d'œuvre qui s'appelle l'*Eté de la Saint-Martin*, devrait être un peu plus chez lui dans la maison de Molière.

Se croit-il forcé, pour cela, de pousser l'imitation de l'immortel comique, jusqu'à se passer — en ce qui concerne la Comédie-Française — de toute espèce de collaboration, en dehors du futur lancement de M. Ganderax au théâtre?

Quel scrupule puéril ce serait là!

Ah! monsieur Claretie, vous qui pouvez tant de belles et grandes choses, que ne reconstituez-vous, ne fut-ce que par extraordinaire et pour une fois seulement, la plus brillante raison sociale du théâtre contemporain, celle qui a produit la *Petite Marquise* et *Froufrou!*

On n'en est encore qu'aux hypothèses, en ce qui concerne Goncourt et Zola.

Pour l'un et l'autre, l'épreuve serait d'une attraction exceptionnelle.

Il est douteux pourtant que le premier s'y prête, malgré la revanche d'*Henriette Maréchal*, à l'Odéon.

Quant à l'auteur de *Thérèse Raquin*, il grille d'envie d'obtenir au théâtre des succès plus décisifs que celui de ses adaptations mélodramatiques de l'Ambigu, vu son insuffisante campagne de *Renée*, au Vaudeville.

Et pourtant il hésite.

La partie le tente, mais elle lui semble dure à jouer.

Certes, l'homme de Médan est doué d'un beau tempérament de lutteur.

D'autre part, la grande situation du romancier oblige quand même l'auteur dramatique à quelque prudence.

C'est d'autant plus regrettable que les essais dramatiques de M. Zola pourraient nous rendre les grandes batailles littéraires d'autrefois.

Passons rapidement en revue ceux des auteurs sur lesquels on ne peut compter que de loin en loin.

Je suis un ordre quelconque et ce sont deux jeunes dont les noms viennent d'abord sous ma plume.

MM. Emile Guiard et Maurice Desvallières ont tout d'abord l'avantage d'avoir, l'un, M. Augier pour oncle, l'autre, M. Legouvé pour grand'père.

En dehors de ces parentés respectives, ils font ce qu'ils peuvent et ce qu'ils peuvent déjà promet pour l'avenir.

M. Pierre Barbier, fils de notre premier librettiste d'opéra, M. Jules Barbier, a fait plus que promettre dans cette charmante *Vincenette*, où Reichenberg est si délicieusement touchante.

En revanche, M. Morand, qui a du moins l'avenir pour lui, n'a pas tenu ce qu'on espérait dans ses trois actes en collaboration avec ce remarquable écrivain, cet émule de Ferdinand Fabre qu'on appelle André Theuriet.

*
* *

Des auteurs, nous passons tout naturellement à leurs interprètes.

On trouvera plus loin (1) les esquisses à la plume des soixante personnalités dont se compose à peu près la troupe de la Divine Comédie.

Bornons-nous ici à déclarer qu'elle offre, au choix des écrivains dramatiques les plus exigeants, un bon ensemble de talents distingués.

Est-elle complète ?

Malheureusement non. Et, pour ne citer que deux emplois capitaux, l'absence par trop prolongée d'une coquette et d'un grand premier

---

(1) Chapitre XI. — « Revue de la troupe. »

rôle-homme de Comédie se fait cruellement sentir.

Nos anciens ont connu la troupe plus brillante et plus complète lorsque, aux meilleurs éléments qu'elle renferme aujourd'hui et que, pour la plupart, elle possédait déjà, venaient encore s'ajouter Samson, Beauvallet, Provost père, Bressant, Maillard, Régnier, les Brohan, Arnould-Plessy, Favart et Nathalie.

Cette incontestable différence d'ensemble est compensée en partie par deux ou trois sujets nouveaux, qu'il faut mettre également hors de pair. Mais je le répète, le cadre des grands emplois présente toujours de regrettables lacunes.

Par quel recrutement les combler ?

Depuis longtemps, le second théâtre Français n'est plus une ressource pour le premier.

Et cela pour deux raisons.

D'abord, les lauréats du Conservatoire, aveuglés par la plus dangereuse des vanités, mettent tout en œuvre pour éviter de passer par la rive gauche ; puis, tout directeur de l'Odéon, vraiment actif et ambitieux, ne se soucie pas de faire, de son entreprise, ce qu'elle devrait être d'après le cahier des charges : un théâtre préparatoire, une école d'application.

Le Gymnase, le Vaudeville ont rendu quelques services à leur grand concurrent de la rue Richelieu ; Mlles Bartet, Pierson et Brandès, par exemple, sont venues de la Chaussée-d'Antin.

Mais il ne faut plus compter sur de semblables aubaines, car les directeurs, dans la pénurie actuelle de véritables artistes, feront désormais de gros sacrifices pour garder ceux qu'ils ont encore.

Reste la véritable ressource. celle dont on use jusqu'à vouloir en abuser : le Conservatoire.

Cet enseignement officiel trouve, dans le théâtre d'application créé par M. Bodinier, secrétaire général de la Comédie-Française, l'appoint heureux de la pratique professionnelle.

En se produisant sur la petite scène de la rue Saint-Lazare, devant un public d'abonnés sérieux, les petites tragédiennes, les jeunes soubrettes et autres écolières de la rue Bergère, complètent les leçons prises en classe par le meilleur des entraînements.

Il faut donc souhaiter un sort favorable pour l'entreprise à laquelle s'est dévoué le très actif secrétaire de la Comédie.

C'est bien pour la maison qu'il travaille, car le théâtre Français ne compte guère qu'une dizaine d'artistes qui ne soient pas lauréats du Conservatoire.

Son doyen, M. Got, fut premier prix de Comédie en 1843. Quatre ans auparavant, M. Maubant avait remporté le second de tragédie.

M. Thiron est premier prix de Comédie de 1850 ; M. Worms, dont tant d'élèves devaient obtenir plus tard de si nombreuses et si hautes récompenses, ne figure sur le palmarès de 1857 que comme second prix de comédie et accessit de tragédie ; M. Mounet-Sully partage, en 1868, un second prix de comédie avec M. Ernest Vois (le futur marquis des *Cloches de Corneville* aux Folies!), et ne gagne, en *tragédie*, qu'un misérable accessit ; M. Prud'hon entre à la Comédie avec un premier accessit et nous avons vu, plus près de nous, M. Silvain quitter le Conservatoire sur son second prix pour finir, au Troisième-Théâtre-Français, sous la direction de feu Hilarion Ballande, son apprentissage tragique.

En somme, aucun des trois interprètes les plus réputés de Corneille et de Racine, MM. Maubant, Mounet-Sully et Silvain, n'obtint le premier prix de tragédie.

M. Baillet s'était borné à collectionner les accessits avant son stage de l'Odéon ; les deux autres, MM. le Bargy et de Féraudy sont d'honnêtes premier prix de 1879 et 1880.

Seuls MM. Laroche et Leitner, ont réuni, a plus de vingt ans de distance, les deux premiers prix, tragédie et comédie.

Enfin, les deux Coquelin eurent l'un un premier, l'autre un second prix.

Quel est celui qui dut avoir le premier ?

Vous supposez logiquement que...

Non : le cadet.

N'est-ce pas que c'est amusant ?

Le sociétariat féminin possède trois premiers prix de comédie.

D'abord la petite doyenne, Suzanne Reichemberg, qui l'obtint avec éclat en 1868, ayant déjà conquis le second en 1867, sans avoir encore ses quinze ans accomplis.

Puis — je procède par ordre de promotion au sociétariat. — Mme Lloyd, à la suite de laquelle Rosine Bernard (Sarah Bernhardt) ne venait, en 1862, qu'avec un second prix, ce qui donna lieu, de la part de la future Théodora, à d'éloquentes imprécations dont la partialité du jury faisait tous les frais.

Enfin, la troisième sociétaire couronnée est Mme Samary-Lagarde.

Il y avait trois ans qu'elle concourait. En 1873, elle n'avait eu qu'un accessit ; en 1874, la « petite Réjane » partageait le second prix avec elle, et c'est avec un soupir de soulagement très remarqué que Jeanne Samary reçut enfin, un an après, la suprême récompense.

Je n'oublie pas Mlle Dudlay, premier prix du Conservatoire de Bruxelles.

Parmi les pensionnaires, hommes et femmes, nous trouvons des lauréats de dates généralement assez récentes pour que nous n'ayons pas à les rappeler au lecteur qui, depuis quelques années, suit plus assidûment les examens de la rue Bergère.

Mentionnons donc, d'après l'ancienneté dans la maison de Molière, les premiers prix suivants :

MM. Villain, H. Samary, Albert Lambert fils, Laugier, Berr et Leitner.

Mmes Lerou, Amel, Hadamard, du Minil, Brandés, Second-Weber et Ludwig.

Le plus zélé, le plus laborieux et non pas le moins brillant des pensionnaires, M. Dupont-Vernon, eut ses deux seconds prix en 1872, tandis que Mlle Anna Blanc, qu'il devait épouser peu de temps après, enlevait à la fois le premier de comédie et le second de tragédie.

Mme Dupon-Vernon semble s'être vouée de préférence à l'enseignement, malgré son trop rapide passage au Théâtre-Français.

D'excellents sujets tels que Mlle Kalb, MM. Joliet, Leloir et Truffier, n'eurent point l'heur de dépasser le triomphe modeste des accessits.

Citons encore le second prix de M. Hamel, puis l'accessit de M. Gravollet.

Et rappelons enfin que Mlle Rachel Boyer, la très jolie transfuge de l'Odéon, remporta son second prix en 1883, à ce concours, mémorable dans les fastes du Conservatoire, où Mlles Marsy, Rosa Bruck et Brandès se partagèrent le premier.

*
* *

Lorsque ces collaborateurs multiples d'une œuvre théâtrale : direction, administration, metteurs en scène, artistes, costumiers, décorateurs ont accompli leur tâche à chacune des étapes indiquées au cours de ce chapitre, l'auteur arrive au jour de sa plus rude épreuve : la première représentation.

Il n'y a pas de succès passés, de situation acquise qui tiennent ; les plus aguerris

N'affrontent qu'en tremblant le monstre redoutable.

Nous montrons, dans d'autres parties de ce livre, comment se compose, aux Français, le tribunal des premières ; nous avons raconté, d'autre part, ce que sont les joies du triomphe pour l'écrivain acclamé.

Quel contraste lorsque le résultat est médiocre !

L'homme le plus cruel ne souhaiterait pas à son mortel ennemi d'avoir un insuccès rue Richelieu.

Est-ce à cause de la rareté du fait ? Je ne sais, mais les déceptions y sont plus douloureuses qu'ailleurs.

L'auteur infortuné, ne sachant où porter ses pas tandis que ses espérances les plus chères s'écroulent, va nerveusement du foyer aux couloirs, des couloirs à la scène, gênant les pompiers, les huissiers, les employés de service, démoralisant ses interprètes et jusqu'aux comparses de M. Masquillier par ses allures d'écureuil détraqué.

Les entractes sont mornes et significatifs.

Peu ou point de visiteurs. L'auteur voit bien

que l'on s'écarte de lui pour chuchotter dans les coins ; il affecte de n'en point souffrir et reçoit, le sourire sur les lèvres, les amis intimes qui n'ont pu se dérober.

Ils ont des sourires sympathiques et contraints, des poignées de main de condoléances, auxquels l'écrivain en détresse préférerait les reproches les plus sanglants.

— Vous savez, dit l'un, je ne trouve pas cela si mauvais... le public est mal disposé, je ne sais pas ce qu'il a !

Un autre, affectant la brutale franchise, déclare ceci :

— Ce n'est pas ça... vous pouvez faire mieux.

Les optimistes hasardent cette prédiction :

— La pièce se relèvera à la dixième.

Mais le gaffeur le plus sinistre est encore celui qui, le visage rayonnant, les bras tendus en parallèles, semble vouloir presser l'écrivain sur son cœur, en s'écriant :

— Quel succès !... vous n'avez rien fait d'aussi beau : c'est votre chef-d'œuvre !

Généralement, les malchanceux finissent par aller s'effondrer sur un coin du champ de défaite, dans le guignol de la scène, au milieu des artistes moroses, à l'abri des consolateurs importuns.

De là, il suit les derniers progrès du désastre en maudissant cette salle froide et malveillante : « Les crétins !... que leur faut-il donc ? »

Rien ne réconforte son âme endolorie, ni les regards bienveillants que lui lance le chef machiniste, cet excellent M. Devoir, auquel son accablement fait quelque peine, ni les sages avis du souffleur, M. Léautaud (professeur de déclamation, s'il vous plaît !) ni le dévouement obstiné de M. Gaillard, lieutenant du dit M. Léautaud, ni le calme distingué de l'avertisseur Besnard qu'il prend pour du dédain.

Il sait que, dès le lendemain, de sévères admonestations lui seront adressées par une presse influente, mais juste, et que, pendant un certain nombre d'heures, il sera moins estimé encore, que s'il avait coupé l'un de ses contemporains en petits morceaux pour s'en faire de la galantine.

Cela lui permet d'envier momentanément le prestige moral des récidivistes.

*
* *

Je ne saurais, à ce propos, mieux terminer ce chapitre consacré aux ressources professionnelles, aux moyens d'action du théâtre qu'en rendant hommage à la parfaite convenance des gens de la maison de Molière envers la critique théâtrale.

Les sociétaires les plus applaudis, loin de se mutiner contre les maîtres du compte-rendu théâtral, dont la compétence, le savoir, le prestige littéraire ne furent jamais aussi souverainement indiscutables qu'aujourd'hui, tiennent souvent compte des conseils que leur donnent les Sarcey, les Vitu, les Fouquier, les Bauër, les La Pommeraye, les Bernard-Derosnes, juges également autorisés.

Seul, M. Le Bargy, mécontent d'un feuilleton du *Temps*, eut, en un jour de maladresse, la fâcheuse idée d'expédier à M. Francisque Sarcey la missive suivante :

Cher monsieur,

Je viens de lire à mon retour de la campagne, votre chronique du *Temps*, et elle m'étonne un peu.

L'année dernière, je jouais *Fortunio* et vous disiez, dans votre journal, que « je satisfaisais, en le jouant, les plus délicats. » Cette année, j'ai, selon vous, acquis de l'autorité ; je joue Perdican, qui exige les mêmes dons de diction lyrique, de passion et de poésie que Fortunio, et voilà qu'avec l'autorité en plus je porte sur les nerfs de quelques habitués. Quels habitués ? — Si ce sont des délicats, comme l'an passé, ils se déjugent, et si ce ne sont pas des délicats, qu'avons-nous affaire de leur opinion? Car si, en art, comme vous le dites souvent, il n'y a que l'exquis qui compte, il en est de même, j'imagine, en matière de critique.

De l'exquis, votre sens très vif et très exercé du théâtre en peut produire; servez-nous cet exquis-là, mais l'exquis de vos dévots de couloirs nous est suspect, tenez-le prudemment en réserve, autant pour le maintien de votre autorité que pour votre bonne entente avec nous et la tranquillité de notre bile.

Et puis, soyez, avec moi, de bon compte. Je ne peux pas vous infliger l'ennui de me faire doubler dans mes rôles par le pompier de service; ne m'infligez pas l'humiliation de me faire juger par votre cour de bavards, fruits secs du journalisme ou du barreau. Je vaux mieux que cela toujours et *surtout* — laissez-moi vous le dire — *surtout* dans Perdican.

Sans rancune — aucune — bien dévoués et respectueux compliments.

CH. LE BARGY.

Je n'aurai pas l'inutile cruauté de donner ici la triomphante réplique de Sarcey qui, n'acceptant pas l'assimilation de l'alerte et délicieux Perdican au poétique et souffreteux Fortunio, joua avec l'amour-propre du malheureux artiste comme le chat avec la souris.

Le comédien n'était pas de force sur le terrain de la polémique.

La galerie fut amusée à ses dépens.

M. Le Bargy eut finalement le bon esprit de

reconnaître ses torts dans une autre lettre, plus joliment tournée d'ailleurs que la première :

Cher monsieur,

Ma lettre vous a déplu, je le comprends, je l'avais à peine envoyée qu'elle m'avait déplu à moi-même. J'ai un très grand respect et, — voulez-vous me permettre de vous le dire ? une très grande affection pour vous, et je sentais que j'avais fait trop bon marché de ce respect et de cette affection dans un premier moment de dépit peu justifié.

Je comptais aller vous faire naïvement l'aveu de mon étourderie et vous demander d'oublier cette boutade assez sotte. Je pensais, d'ailleurs, que, trois fois sage par l'âge, l'esprit et l'expérience, vous aviez souri de ce petit accès de nerfs et que déjà vous l'aviez oublié.

J'ouvris le *Temps* et je vois combien vous avez pris les choses au sérieux.

Je ne veux revenir sur rien. J'ai eu tort, et, très sincèrement, je regrette d'avoir blessé, sans y prendre garde, l'homme excellent que vous avez toujours été pour moi.

Quant au critique, dois-je aussi lui dire mes regrets et n'a-t-il pas pris très amplement sa revanche.

Agréez, cher monsieur, l'expression de mes bien dévoués et respectueux compliments.

Ch. Le Bargy.

Ai-je besoin d'ajouter qu'après des excuses aussi galamment offertes que spirituellement acceptées, la réconciliation fut complète entre le critique du *Temps* et son imprudent justiciable.

VIII

LA MUSIQUE AU THÉATRE-FRANCAIS

Concurrence à MM. Ritt et Gailhard. — L'influence d'un ancien directeur de l'Opéra. — Feu Loiseau. — L'harmonie dans le bouillon. — Symphonies d'entr'actes. — Souvenirs d'Offenbach. — Musique à l'huile d'un futur maestro. — Les trois perruques d'Ancessy. — Progrès musical par suppression d'orchestre. — Nouveau régime artistique. — Ce « Vieux farceur » de Léon. — Variations sur le biniou. — Le vrai théâtre Lyrique. — MM. les compositeurs de la maison Molière : Charles Gounod, Ambroise Thomas, Léo Delibes, Paladilhe, Emile Pessard, Ed. Membrée, Jules Cahen, H. Maréchal. — Elèves du Conservatoire. — M. Talazac et Mlle Richard dans « l'Ami Fritz ». — Recensement des voix à la Comédie-Française. — Coquelin-toute-la-lyre. — L'infortunée chanson de Fortunio. — Le compositeur des salons. — Un poète éclectique. — La famille Samary. — Membre du Caveau. — Une paire de virtuoses. — Paganini cadet.

Au premier — peut-être même au second abord, — le titre ci-dessus ne laissera pas que de surprendre.

De la musique au Théâtre-Français ?

Mon Dieu ! oui : d'excellente musique supérieurement exécutée.

* * *

Procédons par ordre chronologique, sans entreprendre toutefois l'histoire complète de la musique à la Comédie pendant ses deux siècles d'existence, nous bornant à remonter d'une quarantaine d'années en arrière, afin d'y retrouver, à l'époque de ses débuts, le grand-maître de l'opérette, l'auteur d'*Orphée aux Enfers*, de la *Belle Hélène* et de la *Parisienne*.

Lorsque Jacques Offenbach fut appelé par Arsène Houssaye au pupitre de la rue Richelieu, il s'agissait de remplacer un brave homme, nommé Loiseau, qui, musicien convaincu et fanatique du grand art, faisait exécuter, pendant chaque entr'actes les symphonies du grand répertoire classique.

Le seul inconvénient de ces intermèdes parfois prolongés, c'est que l'exécution en était plutôt médiocre. Directeur d'une société philarmonique, installée rue Montesquieu, dans la salle où prospère actuellement un célèbre établissement de bouillon, feu Loiseau ne disposait, en fait de virtuoses, que des instrumentistes de sa phalange d'amateurs.

Offenbach réorganisa tout ce personnel. Lui aussi faisait entendre beaucoup de musique pendant les entr'actes.

Seulement, cette musique, au lieu d'être empruntée aux chefs-d'œuvre d'Haydn, de Bee-

thoven et de Weber, était généralement d'Offenbach.

Il composa, ou arrangea ainsi, pour ses dix-huit musiciens, auxquels venaient encore se joindre quelques amateurs de bonne volonté, un nombre considérable de morceaux dont les *conducteurs* (conservés dans l'armoire à musique), sont tous plus ou moins tachés d'huile.

C'est qu'Offenbach, laissant à son frère la direction de l'orchestre, avait l'habitude de s'installer, avec du papier à musique qu'il criblait de notes, sous la rampe d'avant-scène, composée de quinquets d'où l'huile à brûler tombait goutte à goutte sur chacune de ses pages.

Parmi les comédies du répertoire courant dont le plus fantaisiste des chefs d'orchestre a composé la partie musicale, nous citerons le *Bonhomme Jadis* de Murger.

Certes, nul ne prévoyait alors les brillantes destinées du futur maëstro.

Cependant, on aurait tort de méconnaître à distance la notoriété qu'il avait déjà.

Sa virtuosité sur le violoncelle le faisait alors rechercher pour les concerts et les représentations exceptionnelles. L'un des décors poudreux, vieillis et avachis de la *Grâce de Dieu* est marouflé, côté jardin, avec l'affiche d'un spectacle à bénéfice, sur laquelle figurent en vedette, l'une pour une scène de trâgédie, l'autre pour des variations de Servais, Mlle RACHEL et M. JACQUES OFFENBACH, « de la Comédie-Française. »

* * *

Rien de particulièrement attachant ne signala le passage au pupitre de M. Auguste Roques, ex-sous-chef de Jacques Offenbach.

* * *

L'ancien chef de l'Odéon, M. Ancessy aîné, entré à la Comédie-Française, sous les auspices de M. Delaunay, dirigea toute la musique (orchestre et scène), sous l'administration générale de M. Edouard Thierry.

Ancessy déplorait amèrement l'insuffisance des vétérans qui composaient son orchestre et qu'il avait soin de remplacer, autant que possible, par des exécutants jeunes, alertes, espiègles, capables de ramener un peu d'animation dans ce milieu somnolent.

On doit à M. Ancessy la musique de scène du *Printemps*, de Laluyé, et la transcription très heureuse d'airs berrichons, fournis par George Sand pour *François le Champi*. (Second théâtre Français).

Pendant le siège, il orchestra spécialement la *Marseillaise* pour Mme Agar.

Excellent homme autant qu'artiste estimable, Ancessy n'était affligé que d'un fort léger travers.

Complètement chauve, sans un seul cheveu sur le crâne, ayant en un mot ce que les artistes capillaires appellent « la boule de rampe », il voulait passer néanmoins pour un Absalon.

A cet effet, il possédait trois perruques, immense avantage sur Cadet-Roussel qui, lui, n'avait que trois cheveux.

Le manège auquel il se livrait avec ses trois perruques, était étrange, mais d'une ingénieuse coquetterie :

Du 1ᵉʳ au 10 de chaque mois, il avait l'air de porter *ses cheveux* très courts ;

Du 11 au 20, sa seconde perruque commençait à le gêner en lui couvrant les oreilles ;

Enfin, la troisième, celle qu'il arborait durant la dernière décade mensuelle, inondait son col

de longs flots bouclés, ce qui lui permettait de s'écrier fin courant :

— Ah! ces cheveux : comme ça repousse !... je les ferai couper demain.

*
* *

Après la mort d'Ancessy, le médiocre orchestre de la salle fut définitivement supprimé.

Double profit : d'abord pour le public dont la mélomanie allait être autrement satisfaite par l'excellente musique qu'on lui servirait en scène ou à la cantonnade ; puis pour le budget de la Comédie dont les recettes pouvaient s'accroître d'une centaine de mille francs par an, grâce aux deux rangs de fauteuils qui prenaient la place des violons, des contre-basses, des timbales et autres instruments de supplice.

*
* *

Le directeur actuel de la musique des Français regrette-t-il le pupitre où l'artiste ambitieux est au moins assuré de se faire connaître... de vue?

Non certes. Car M. Léon est, malgré son réel talent, d'une modestie plutôt rare parmi les gens spéciaux qui conduisent leur prochain à coups de bâton.

Apprécié pour le goût et l'habileté de ses orchestrations, il obtint aussi son succès populaire avec une chanson qui fit florès en 1862.

C'était intitulé *Le vieux Farceur*, et cela se terminait par ces deux vers significatifs :

> Je te fis souvent cornette :
> Tu n'en as jamais rien su.

N'y avait-il pas là tout ce qu'il fallait pour prévoir les destinées d'un compositeur chez Poquelin de Molière ?

La mélodie écrite sur ce marivaudage conjugal dénotait déjà, chez son auteur, une certaine préférence pour les motifs faciles et sans prétention qu'aimaient nos pères et nos oncles.

Il paraît toutefois que les œuvres wagnériennes ont obtenu, dans une incertaine mesure, l'estime du chef d'orchestre de notre grande scène littéraire.

C'est lui-même qui nous l'a affirmé en vue des générations futures.

*
* *

Quand le maestro Léon recueillit l'héritage

d'Ancessy, il y avait déjà quatorze ans que Régnier l'avait fait entrer dans la maison, comme violoniste. Il y compte donc, actuellement, plus de trente années de services.

M. Léon a composé la musique de scène des *Effrontés*, de *Bertrand et Raton*, des *Demoiselles de Saint-Cyr*, de la *Fille de Roland*, d'*Hernani* (fanfares), de *Rome vaincue*, ainsi que de certaines pièces du répertoire, pour lesquelles toute une reconstitution lyrique parut nécessaire.

Lorsque Jules Sandeau et Emile Augier firent représenter *Jean de Thomeray*, M. Léon fit

une transcription de biniou qui provoqua, m'assure-t-on, l'enthousiasme des mélomanes Bretons.

Sous l'impulsion de M. Émile Perrin, le chef d'orchestre de la Comédie-Française contribua, par son zèle et son savoir faire artistique, à élever sensiblement le niveau des exécutions musicales.

M. Jules Claretie, également résolu à ne rien négliger pour ajouter encore au prestige de notre illustre scène, accorde à M. Léon tous les moyens d'action, tous les crédits dont il dispose.

Les exécutants, engagés au cachet sont choisis parmi les excellents artistes de la société du Conservatoire, de l'Opéra, de l'Opéra-Comique, de la Garde Républicaine et des orchestres Colonne ou Lamoureux.

Il suffira de citer parmi les solistes, MM. Teste, Espaignet, Boudeau, Papaïa, pour donner une idée de l'ensemble.

Le pianiste n'est autre que M. Péron, premier prix d'orgue du Conservatoire et maître de chapelle de Saint-Roch.

Pour certains spectacles, le *Roi s'amuse*, *OEdipe-Roi*, *Hamlet*, etc., l'effectif de l'orchestre installé sur la scène devient relativement considérable.

Qu'on vienne encore réclamer la création d'un théâtre Lyrique ?... le voilà !

* * *

On s'expliquera aisément, d'après ce qui précède, que des compositeurs célèbres n'aient pas hésité à écrire quelques *partitionnettes* pour la Comédie-Française, si extraordinaire que le fait puisse paraître.

Déjà Gounod avait donné l'exemple lorsque fut représenté l'*Ulysse* de François Ponsard.

M. Paladilhe s'exécuta pour le *Tabarin* de son ami Paul Ferrier, en attendant que la pièce, devenue un livret en trois actes, inspirât M. Emile Pessard pour le cadre trop vaste de l'Opéra.

Edmond Membrée obtint, à côté de l'éminent traducteur Jules Lacroix, sa part du grand succès d'*OEdipe-Roi*.

M. Jules Cahen composa de nouveaux chœurs pour *Athalie*, M. H. Maréchal agrémenta l'*Ami Fritz* et les *Rantzau* de gracieuses mélodies ; enfin, M. Ambroise Thomas consentit, après avoir mis, si magistralement, Hamlet à la scène lyrique, pour Faure et Nillson, à écrire dans l'*Hamlet* de Dumas et Paul Meurice, la chanson d'Ophélie.

Mais le maître attitré du répertoire moderne est M. Léo Delibes.

Le délicieux mélodiste de *Sylvia*, particulièrement estimé de M. Perrin, devait être son compositeur favori au Théâtre-Français.

Qui ne se rappelle la jolie musique que M. Delibes fit entendre dans *Barberine*, dans *Ruy-Blas*, et, surtout, dans le *Roi s'amuse*, où tout un acte, le premier, se jouait avec accompagnement de motifs archaïques qui sont restés, malgré le sort médiocre du chef-d'œuvre de Victor Hugo, un très grand succès d'édition.

Aujourd'hui, avec la faveur qui s'attache aux vieilles danses du bon vieux temps, il n'est pas un salon où les jolis intermèdes chorégraphiques de Delibes : la Gaillarde, la Pavane, le Madrigal, le Passepied, etc., ne fassent absolument fureur.

*
* *

La partie du chant est assurée par le concours des élèves du Conservatoire.

Et le public de l'Opéra-Comique, et les habitués de l'Opéra ne soupçonnent guère, lorsqu'ils croient entendre de brillants lauréats lancer leurs premières notes, que ceux qu'ils soutiennent de leurs bravos encourageants, ont défloré leur virginité artistique dans la maison qui est au coin de la rue Richelieu.

L'*Ami Fritz* d'Erckmann-Chatrian, fut surtout favorisé.

C'est dans cette paysannerie sentimentale et gastronomique, que débutèrent comme choristes soit à la création, soit au cours des représentations, MM. Talazac, Lorrain, Carroul, Villaret fils, Dubulle, Mouliérat ; Mmes Renée Richard, Vaillant-Couturier, Lucie Dupuy, Molé, Jacob et Fauvelle.

Il en résulta les jolis concerts d'entr'acte dont il est question au chapitre V. (Foyer des artistes.)

C'est Mlle Coyon-Hervix qui chantait à la cantonade de si délicieuse façon, le solo du chœur des *Lavandières*, du second acte de *Ruy-Blas*.

Dans *Barberine*, l'éclatant organe de Mlle Lureau fit admirablement valoir la ravissante mélodie de Léo Delibes, tandis que, plus tard, au contraire, Mme Rose Caron, chez laquelle on ne pouvait guère prévoir la superbe tragédienne lyrique d'aujourd'hui, laissait au second plan le *Kyrie* des *Rantzau*.

Mlle Patoret, MM. Sujol, Vernouillet et Fontaine, eurent à chanter des soli dans la reprise très solennelle du *Bourgeois Gentilhomme*.

*
* *

Tous ces élèves ont, aux Français, l'inappréciable avantage de prendre le contact du véritable public, fort différent de leur auditoire familial des concours de la rue Bergère.

Les instrumentistes sont également, dans certains cas, forcés de se produire en scène, par exemple pendant la *Cérémonie* du *Bourgeois*, dans laquelle M. Léon lui-même les conduit,

en Turc, selon la tradition de Lulli, ce qui lui fit dire, certain soir, par Cadet le Tintamarreux :

— Vous êtes un musicien fort comme un Turc.

Pendant les entr'actes, dans le désœuvrement des coulisses, cela peut faire rire.

*
**

Remarquez qu'à la grande rigueur il n'eût pas été indispensable de recourir aux classes de chant du Conservatoire.

La troupe renferme de véritables éléments lyriques.

M. Coquelin aîné, qui déclamait avec tant d'éclat les tirades cinglantes du *Mariage de Figaro*, pourrait interpréter son même personnage du barbier raisonneur avec la musique de Mozart.

M. Got, doué d'un baryton à faire frémir les vitraux d'une cathédrale, a chanté le Mufti du *Bourgeois Gentilhomme*, ni plus ni moins que MM. Vauthier, de la Gaîté, et Balleroy, de l'Opéra, qui furent, à diverses époques, spécialement embauchés pour cela.

On se rappelle la virtuosité avec laquelle M. Prud'hon chantait, dans le *Roi s'amuse*, les couplets qui doivent à la fois narguer et exaspérer Triboulet venant redemander sa fille aux courtisans de François Ier.

M. Baillet ténorisa aussi, et non sans agrément, dans les *Rantzau*.

En revanche, il fallut engager spécialement un artiste, M. Fontaine, pour que M. Mounet-Sully eût l'air de chanter réellement, à la cantonade, le fameux refrain du vainqueur de Marignan dans le drame d'Hugo, « Souvent femme varie. »

*
* *

Voici, du reste, d'après des données aussi sûres que techniques, comment se répartiraient les voix de la troupe du Théâtre-Français au point de vue d'une scène de grand opéra — ou de petite opérette.

TÉNORS

Prud'hon, ténor demi-caractère.
Baillet, ténor léger.
Henri Samary, chanteur adroit, bonne émission.
Gravollet, ténorino.

SECONDS TÉNORS

Thiron, voix pointue, mais portant bien et sans efforts.

De Féraudy, excellent organe pour rendre les cris de Paris (Tout à treize !)

Leloir, chante juste et phrase avec art.

Beer, bonne voix de gorge.

TRIALS

Barré, détaille agréablement le couplet.

Coquelin cadet, chanteur excentrique : a fort bien dit la chanson du *Fossoyeur d'Hamlet*, avec tête de mort à la clé.

BARYTONS

Got, déjà mentionné

Frédéric Febvre, voix sombrée, expressive et d'une irréprochable justesse.

Worms, organe très dramatique.

Laroche, chante comme un bon élève de M. Faure, mais un peu froidement.

Garraud, baryton léger, genre Martin.

Albert Lambert fils, baryton fougueux, capable de bien interpréter le Verdi.

BASSES

MM. les tragédiens Mounet-Sully, Maubant,

Silvain, Martel, Dupont-Vernon, Villain et Hamel.

Seul, M. Coquelin aîné aurait pu figurer sous toutes les rubriques qui précèdent, car il roucoule avec élégance et facilité du *fa* grave de la basse profonde, aux notes suraigues du ténorino *accutto* ; soit deux octaves et demie.

Jolie étendue vocale pour un chanteur qui n'en fait pas son art !...

*
* *

Poursuivons le classement lyrique par où nous l'aurions dû commencer.

SOPRANOS

Barretta, méthode et justesse.
Tholer, grandes qualités d'expression.
Jeanne Samary, voix un peu aigüe ; grâce, adresse et agilité rappelant la manière de Mlle Merguiller de l'Opéra-Comique.
Persoons et Du Minil, sopranos d'Opéra.
Kalb, soprano *accutto*.

MEZZO-SOPRANOS

Reichemberg, timbre sympathique.
Bartet, timbre dramatique.

Broisat, timbre métallique.

Blanche Pierson, beaucoup de goût et de sentiment.

Lloyd, soupira délicieusement la chanson de Chérubin.

Muller, un souffle cristallin.

Hadamard, voix pénétrante et juste.

Durand, très jolie voix, véritable chanteuse ; aurait pu embrasser également la carrière lyrique aussi bien que celle qu'elle vient d'abandonner.

DUGAZONS

Céline Montaland, organe délicieux et flexible.
Pauline Granger, excellente coryphée

CONTRALTOS

Mmes les tragédiennes Dudlay, Agar, Lerou.

Nous sommes obligés d'avouer qu'une brillante recrue, Mlle Brandès, déjà consacrée comme comédienne de talent, n'a pas encore trouvé *sa voix*, comme chanteuse.

*
* *

Phénomène assez fréquent, M. Delaunay dont la voix mettait au service d'une diction idéale, un charme, une grâce réellement uniques, chante horriblement faux.

On sait que cet admirable interprète de Musset, et des amoureux de tout le répertoire, fut obligé, à la création du *Chandelier*, de se borner à déclamer la célèbre chanson *Si vous croyez que je vais dire*....

Ce fut un gros chagrin pour Offenbach qui dut se contenter, lorsqu'il fut directeur des Bouffes, de glisser dans sa *Chanson de Fortunio* la délicieuse mélodie que lui avaient inspirée les vers de Musset.

Précisément, le meilleur élève de Delaunay, M. Le Bargy, doué pour dire la comédie, d'un charmant organe, possède, au point de vue lyrique, les mêmes inaptitudes que son distingué professeur.

*
* *

Il nous reste à rendre hommage au savoir musical de quelques-uns en citant, parmi les pianistes de la Maison de Molière, Mlles Reichemberg, Jeanne Samary, Bartet, Tholer, Durand, Granger et Du Minil.

*
* *

M. Frédéric Febvre, pianiste et violoniste, compose, à des instants que nous ne trouvons pas perdus, des mélodies, d'un tour aimable qui obtiennent, dans le monde, un accueil toujours flatteur.

Tout récemment encore, on a beaucoup applaudi, de lui, un joli rondeau à deux voix composé sur des paroles de Jean de Villeurs, l'auteur connu des *Contes de Garnison*, le librettiste de *la Légende de l'Ondine* du Wagnérien français Rosenlecker.

Passer du drame lyrique à l'inspiration légère et facile d'un admirateur de Boïeldieu, voilà bien pour un parolier le comble de l'éclectisme en matière de collaboration musicale !

Fils d'un artiste de première ordre, M. Henri Samary a reçu, comme ses frères et sœurs, une éducation musicale assez forte.

Excellent pianiste, il a voulu étudier la composition et compte bientôt se faire éditer.

Pourquoi pas ?

M. Garraud, membre du Caveau, dont il possède la clé, se borne modestement à rimer, sur tous ces jolis Ponts-Neufs que l'opérette n'a pu oublier, des couplets très fins, très alertes, qu'il détaille selon les bonnes traditions de Darcier.

*
* *

Signalons enfin, à l'admiration des dilettanti

de leur temps, deux violonistes *di quarto cartello*.

D'abord, en procédant par ordre de virtuosité, M. Baillet, qui tire de vraies larmes de sa chanterelle ; puis l'universel Coquelin cadet, qui ne fait entendre qu'un seul air sur le stradivarius :

Ah ! vous dirai-je, maman....

Mais il le joue si bien !...

IX

SA MAJESTÉ LE PUBLIC

Aux chandelles. — La grande queue des petites places. — Patience et longueur de temps. — M. Guilloire a la parole. — Une minute solennelle. — Ouvrez tout ! — Guichet clos. — Scènes de famille. — L'heure du marchand de billets. — Plus cher qu'au bureau. — Ce bon M. Chéret. — M. Cagnin, contrôleur en chef. — Grave question des répétitions générales. — Dumas dit oui, Augier dit non. — Pailleron ne dit rien. — Service des premières. — Compétitions variées. — Encore le sage Bodinier. — Le vrai Tout-Paris. — Victor Hugo sans contre-marque. — Entr'actes. — La cousine d'Auguste. — Un sous-officier d'académie. — Supplice d'un huissier. — L'art de placer ses contemporains et de s'en faire 20,000 livres de rente. — Représentations gratuites. — Le 14 Juillet. — A l'année prochaine !...

Sept heures....
Place au Théâtre !

L'administration ferme; on va ouvrir les portes de la salle.

Les municipaux arrivent, le contrôle s'installe; les ouvreuses sont à leur poste.

Le bureau de location est transféré, depuis six heures, et jusqu'à l'ouverture, sous le vestibule circulaire, à gauche du Talma (de David d'Angers) étudiant perpétuellement son manuscrit de marbre blanc.

C'est derrière ce même petit grillage que se feront tout à l'heure les échanges ou les demandes de supplément.

M. Guilloire devient alors le grand maître de la maison : devant lui tout tremble !

**

Cependant, la foule se presse aux abords du

petit bureau; il y a là, en dehors même des grands jours de première, des enragés qui font queue parfois depuis trois heures de l'après-midi.

Attention ! l'ordre est donné avec la solennité dont nous avons déjà eu l'occasion d'entretenir nos lecteurs, solennité classique traditionnelle, solennité de la Comédie-Française, ne ressemblant en aucune façon aux autres solennités connues :

— Ouvrez les bureaux !

Le *lâchez-tout* des aéronautes prêts à fendre l'espace n'est pas plus impatiemment attendu.

Trop souvent pour de malheureuses familles éplorées, désireuses de s'offrir le spectacle dans

les grands prix, le premier bureau ne s'entrouve même pas et ne laisse voir qu'une pancarte informant le public que toutes les places ont été prises en location.

Il y a dans ces cas là des désespoirs navrants, aussi des scènes ultra-conjugales :

— Si monsieur ton père n'était pas le dernier des pingres, dit la mère irritée à sa fille en pleurs, il aurait pris les places en location.

Le chef de la communauté, après avoir reculé devant un méchant supplément de quelques francs pour avoir sa loge à l'avance, est maintenant décidé à tous les sacrifices,

Rien ne sera trop cher pour reconquérir l'amour et la considération des siens.

Comment va-t-il faire ? A quel saint peut-on se vouer en un pareil embarras ?

Car, il n'y a pas à dire, quand de bons bourgeois de Paris ont en tête l'idée de passer leur soirée dans un théâtre, ils y mettraient plutôt le feu que de n'y point pénétrer.

C'est ici qu'apparaît l'élégante silhouette du marchand de billets.

*
* *

Ce personnage mérite les honneurs d'une présentation.

Le théâtre, qui appauvrit tant de directeurs,

dépouille tant de commanditaires et enrichit si peu d'auteurs, fait toujours les affaires des marchands de billets.

A la faveur de succès tels que *Ruy Blas*, *le Monde où l'on s'ennuie*, *Denise* ou *Francillon* (pour ne parler que de la rue Richelieu), ces industriels réalisent des fortunes qui ne sont pas sans faire quelque tapage.

Ile tiennent le haut du trottoir; on ne parle que des réclamations qu'ils soulèvent, des bénéfices scandaleux qu'ils empochent, et l'homme du jour, n'en déplaise aux ténors de la politique, est souvent le pâle voyou qui vous propose d'une voie enrouée, « un bon fauteuil » plus cher qu'au bureau.

Ecorché, pillé, rançonné, le public s'indigne de l'impunité dont jouissent ces flibustiers parisiens.

A-t-on raison de s'indigner ?

J'en doute, car il semble bien difficile d'entraver les faits et gestes d'une corporation aussi puissamment organisée.

Quoi qu'il en soit, il y a là tout un monde bien curieux à étudier.

Parenthèse :

Il est de règle générale d'admettre des exceptions.

Je n'entends pas parler des notables vendeurs, comme M. Havez ou les successeurs de feu Mme Porcher, qui trafiquent officiellement des billets d'auteur.

Ceux-là appartiennent régulièrent au monde dramatique; ils sont incorporés dans le Tout-Paris des premières, et suivent d'un œil ému les incessants progrès de l'art.

Sans jouer absolument les Mécènes, ils laissent venir à eux les petits auteurs et s'intéressent assez aux choses du théâtre pour que certain directeur ait pu s'écrier autrefois.

L'Amitié d'Anatole est un bienfait des dieux.

Il ne peut donc être question ici que des personnages interlopes qui pleuvent comme des sauterelles sur les théâtres heureux, pour y gagner parfois plus d'argent que leurs grands confrères, autorisés et patentés.

Ces irréguliers sont tous de hauts et puissants camelots, disposant d'un personnel nombreux et peu choisi, mais dévoué par nécessité.

Pas de domicile connu, aucun siège commercial.

En fait de bureau, un petit coin de boutique que leur loue un marchand de vins, moyennant dix ou quinze francs par jour — vingt francs pour les théâtres subventionnés — sans préjudice d'une *déche liquide* (consommation obligatoire) de pareille somme.

Le « patron » s'engage en outre à prendre tous ses repas dans la maison, avec sa famille et ses principaux commis.

Ce droit d'asile est fort coûteux, mais il assure la sécurité des transactions : que peut-on faire contre le marchand de billets ? Comment l'atteindre ?

Il n'est pas chez lui !

Notre homme s'installe donc tranquillement sur un bout de table, sans autre appareil qu'un plan de la salle et une boîte en bois dont la clé ne le quitte jamais.

Cette boîte centralise, résume toute son industrie qui consiste : 1°, à la remplir; 2°, à la vider.

Pour la remplir, il s'agit de louer beaucoup de places au théâtre.

Opération difficile, car les marchands et leurs principaux acolytes, trop connus de la buraliste et des agents, sont forcés de recourir aux *passeurs*, c'est-à-dire aux braves gens qui pour une *galette* (pourboire) vont prendre une loge ou deux fauteuils en location.

Les théâtres importants ne délivrant qu'un coupon par personne, il faut multiplier le nombre de ces précieux auxiliaires.

Autrement ce serait la ruine.

On les recrute donc un peu partout.

Pour les places chères, le passeur est le plus souvent un cocher, un valet de pied de bonne maison, un garçon d'hôtel muni de la carte d'un voyageur étranger, une femme de chambre qui affirme que sa maîtresse est horizontale, un militaire qui se dit envoyé par son colonel dont il est le brosseur.

Quant aux petites places : stalles, secondes, galeries, troisièmes ou quatrièmes loges, elles sont accaparées par les parents, les amis du patron, par des hommes de peine, des ouvriers sans travail, des bonneteurs désœuvrés et autres passeurs sans importance.

La confiance ne règne pas en ce milieu hétérogène.

Aussi le passeur est-il épié, surveillé à partir de sa sortie du bureau jusqu'au moment où il rend compte, au grand chef, de la mission... et de l'argent à lui confiés.

Ce sont les racoleurs — ou *pierreux* — qui sont chargés de vider incessamment la boite des Danaïdes.

Rien à révéler sur ces audacieux personnages.

Il n'est pas un parisien qui ne connaisse leur obsession leur stratégie habile. leurs embuscades, leurs trucs pour capter le client et l'empêcher de s'adresser au bureau qui, disent-ils effrontément, « n'a plus une seule place ».

Mais il ne suffit pas de l'amener chez le marchand de vins, ce client. Il faut juger, d'après son accueil, s'il est facile à plumer.

Cela exige du coup d'œil et de l'observation.

Une fois fixé, si le racoleur aborde ainsi son patron :

— *Monsieur Chéret*, avez-vous deux bonnes places pour monsieur ?

Cela veut dire : « Je vous amène un innocent ; vous pouvez forcer les prix. »

En revanche s'il emploie simplement le mot *patron*, c'est que l'acheteur lui fait l'effet d'un *râleux* qui marchandera avec fureur.

D'où vient ce sobriquet de « *Monsieur Chéret* ?

C'est un mystère qui se perd dans la nuit des temps — à moins qu'il n'y ait là un dérivé fantaisiste de l'adjectif *cher*.

Tout n'est pas rose dans la situation sociale des *pierreux dramatiques*.

La police les pince quelquefois et cet incident leur vaut une condamnation à vingt-quatre heures de *clou*.

Ils ont heureusement la faculté de ne point subir immédiatement la peine encourue. Cela permet de collectionner les jours pour faire sa prison en bloc, pendant la clôture théâtrale.

Le patron se fait un devoir d'adoucir la captivité de ces martyrs du racolage en leur envoyant du tabac, des pots de confitures et des romans à bon marché.

A côté du personnel attitré des *allumeurs* de profession, le marchand de billets se voit forcé d'embaucher ce qu'il appelle des *extra*, lorsqu'il veut exploiter sérieusement un gros succès d'argent.

Il les prend où il les trouve, car le temps lui manquerait pour éplucher leurs antécédents.

A quoi bon d'ailleurs ?

Il n'y a aucun mal à donner de l'ouvrage à ceux qui n'en ont pas.

Autant ce travail là qu'un autre !

Le théâtre moralise toujours. Quand sa popularité augmente, les attaques nocturnes diminuent.

*
* *

Les *billets bleus* amènent également au Théâtre-Français, lorsque le spectacle a permis d'en distribuer, toute une file de gens empressés, accourus en hâte, afin de se présenter des premiers.

Le coupon bleu, ne spécifiant pas de place numérotée, n'est autre que le billet de faveur ordinaire des autres theâtres, délivré soit aux artistes, soit aux quémandeurs sans importance.

Les porteurs de billets bleus appartiennent généralement à la catégorie des petits bourgeois, des employés ou des rentiers modestes, gens à même de payer leurs places, et que le déplorable abus des *faveurs*, fait aller incessamment au théâtre sans bourse délier.

Je ne sache pas qu'il y ait au monde un public à la fois plus sot et mieux oblitéré quant à la littérature dramatique, que ces spectateurs improductifs.

Habitués de spectacle, il faut les voir se donner des airs entendus pour juger le répertoire ou les chefs-d'œuvre modernes, auxquels leur esprit vulgaire et leurs sentiments mesquins leur interdisent pourtant de comprendre un traître mot.

Pendant les entr'actes, on les voit se diriger en famille vers le coin où se tient l'ouvreuse qui *leur donne toujours des places.*

Que de fois cette préposée ne sacrifie-t-elle pas, à ces parasites de nos théâtres, les spectateurs payants, empêchant ces derniers de prendre les meilleures places.

« Pas par là ! C'est de la location ! »

La prétendue location n'est autre chose qu'une réserve habilement ménagée, à la faveur du premier envahissement de la salle, pour le fournisseur complaisant ou les amis chez lesquels on a son couvert mis toute l'année, moyennant un roulement continu de billets de théâtre.

Quel piètre auditoire que celui-là, et combien les véritables artistes lui préfèrent ce brave et intelligent *populo*, si impressionnable, si vibrant, si chaleureux dans ses manifestations des spectacles gratuits.

Rendons à M. Cagnin, le très distingué contrôleur en chef de la rue Richelieu, cette justice qu'il sait placer ces accapareurs de billets, ces « mangeurs de bleu » dans les hautes sphères qui leur conviennent, faisant exception, avec beaucoup de tact, en faveur de ceux qui tranchent sur la généralité de l'espèce.

Ancien fonctionnaire, décoré en raison de ses excellents services administratifs, M. Cagnin est un chef de service précieux entre tous.

Sa correction, sa courtoisie pleine de dignité,

sont appréciées, — non-seulement de l'administrateur-général et des comédiens, mais encore

de tous les gens de bonne compagnie qui forment heureusement la grande majorité du public avec lequel il est en rapports quotidiens.

Son urbanité, n'est point exclusive d'un certain esprit de décision et personne ne sait terminer avec plus de promptitude ces incidents que soulèvent des réclamations inévitables dans toutes les salles de spectacle.

Une remarque à ce sujet ; huit fois sur dix, le spectateur mécontent est un des endimanchés entrés avec des billets bleus.

212 LA DIVINE COMÉDIE

L'entrée par la place du Théâtre-Français est

spécialement réservée à tous les porteurs de billets numérotés (places louées ou autres) sans préjudice d'un droit de préférence pour le contrôle de M. Cagnin.

Le contrôle spécial installé dans cette direction et duquel les titulaires semblent jouer aux quatre coins avec les deux magnifiques statues des nommés Corneille et Molière, est relié au grand vestibule circulaire par un long couloir relativement étroit, encaissé qu'il est entre les deux côtés de l'escalier d'honneur.

Quand, du pied de la statue de Talma, on jette les yeux dans cette direction, on croit regarder un petit buffet de bar américain par l'autre bout de la lorgnette : là-bas, [là-bas, tout au fond du *collidor*, selon l'indication d'un huissier de l'endroit.

C'est encore par cette entrée latérale que les représentants autorisés de la critique, flanqués malheureusement de trop nombreux intrus, pénètrent dans la salle, les jours de grandes répétitions générales, publiques ou non.

**

Nous touchons ici à l'une des questions les plus controversées dans les milieux littéraires et dramatiques.

Doit-on admettre un auditoire aux répétitions générales ?

On se rappelle les discussions passionnées qui eurent lieu à propos de l'opéra de *Patrie*.

Tous les arguments pour ou contre la publicité des répétitions générales furent alors l'objet de discussions de principes, avec nombreux exemples à l'appui.

Tous les auteurs en vue furent consultés.

Quelques-uns, Augier et Sardou entr'autres, déclarèrent qu'une divulgation prématurée ne pouvait être que nuisible aux œuvres inédites, en escomptant les effets assurés.

Dumas, qui créa jadis au Gymnase les premières belles chambrées de répétitions et qui s'en est toujours fort bien trouvé, ne peut être du même avis que l'auteur des *Fourchambault*.

Conclusion. Celui-ci dit oui, celui-là dit non, sans préjudice de ceux qui ne disent ni oui, ni non et préfèrent, entre le huis-clos absolu et la *fausse première*, la répétition devant un auditoire restreint avec les portes plus ou moins entrebaillées.

Toutefois il serait désirable que les auteurs fissent les choses très nettement dans un sens ou dans l'autre, puisqu'ils sont à peu près seuls maîtres en pareille matière.

Comme il n'est pas de milieu où tout se fasse moins franchement que dans le monde dramatique, voici très exactement ce qui arrive à la veille de chaque grande première.

Un critique, ayant à publier un article très sérieux, très étudié, sur quelque œuvre importante, va demander à l'auteur ou à l'administration du théâtre s'il pourra assister à la répétition générale, en homme qui ne saurait préparer son compte-rendu avec trop de sollicitude.

— Impossible ! lui répond-on ; on n'admettra personne dans la salle.

Rien, absolument rien à dire, contre pareille consigne, sans attenter à la liberté artistique d'un auteur maître de diriger à sa guise les dernières études de sa pièce.

Seulement, neuf fois sur dix, le critique évincé apprend que la salle dans laquelle on ne voulait pas l'admettre était bondée d'intrus, tous moins intéressant, et surtout moins intéressés les uns que les autres.

Il est vrai que s'il proteste contre ce procédé, on ne manque pas de lui répondre.

— Que n'êtes-vous venu ?... On vous aurait placé.

Mais on lui avait recommandé de ne pas venir.

*
* *

Arrivons aux grandes et célèbres soirées.

Les premières de la Comédie-Française sont recherchées entre toutes.

C'est dans ces grandes occasions que l'on peut apprécier le fonctionnement administratif de la maison.

Le service fait à la presse, il reste un nombre appréciable de places et de loges qui toutes sont demandées en location par beaucoup plus d'amateurs que l'intègre Bodinier n'en saurait contenter.

Cela lui permet de faire son choix en vue de la bonne composition de l'auditoire élu.

Ici, le rastaquouère, le riche parvenu, la fille très calée, s'étant mis en tête d'assister quand même à une fête de l'intelligence théâtrale, n'ont pas, comme ailleurs, la ressource du marchand de billets.

Les jours de premières à la Comédie sont, pour ces derniers, des jours de chômage forcé.

Pour cela les mesures prises sont d'une efficacité absolue.

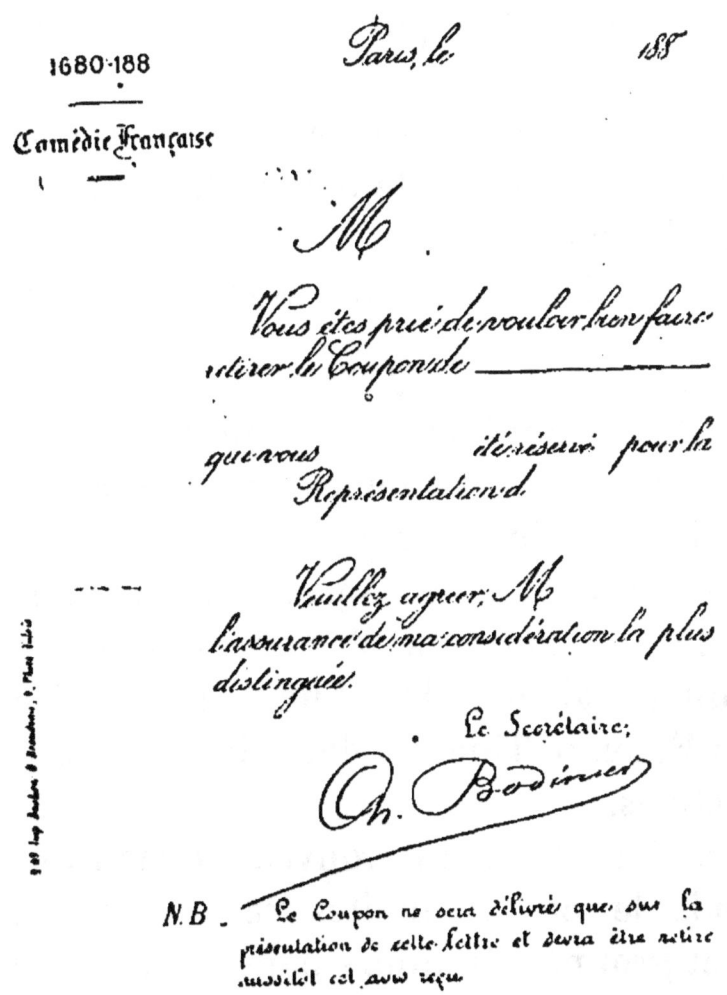

Lorsqu'on a fait une liste de location où figurent principalement des habitués connus du secrétariat et des comédiens, une lettre individuelle dont voici le *fac-simile* est adressée, sans distinction de places, à toute personne dont la demande a pu être accueillie favorablement.

Et ce n'est que sur présentation de cette réponse que la buraliste délivre le coupon attribué au destinataire.

De cette façon pas de fraude, pas d'erreur possibles.

D'ailleurs, tous les spectateurs de première se retrouvent d'eux-mêmes, car le service une fois fait, reste immuable.

L'aspect de la salle ne peut qu'y gagner.

On lorgne toujours M. Sarcey à son même fauteuil de balcon ; MM. Auguste Vitu, Rochefort et Edouard Thierry, dans leurs baignoires respectives.

C'est donc avec un nouveau plaisir que les badauds de ces solennités reconnaissent, alignés et groupés, toujours dans le même ordre, tous les autres représentants de la presse parisienne.

Au balcon : Théodore de Banville, Antonin Périvier, de Rodays, Henry Fouquier, Séverine, Jules Lemaître, Claveau, La Pommeraye, Ginisty, Denayrouse, G. de La Bruyère, Charles

Laurent, Ranc, Ganderax, Oswald, Charles Bigot, Jules Guillemot, Marcelin.

A l'orchestre : Aurélien Scholl, Albert Wolff, Henry Maret, Charles Monselet, Henry Bauër, Bernard-Derosne, Lavedan père et fils, Gordon-Bennett, Cassignoul, Emile Blavet, Raoul Toché, Armand Silvestre, Georges Boyer, Hector Pessard, de Blowitz, Emmanuel Arène, Valentin Simond, Léopold Lacour, Edmond Lepelletier, Albert Dubrujeaud, Edouard Noël, Lèbre, Jules Prével, Louis Besson, Fernand Bourgeat, Lionel Mayer, Campbell-Clarke, Georges Grisier, Henry Céard, Paul Perret, Hugues Leroux, Ordonneau, Jules Rosati, Delilia, Caponi, de Gramont, Bertol-Graivil, Aderer, Gal, Grosclaude, Emile Abraham, Serizier, S. Démeny, Paul Lordon, Bernheim, Mayer, Niel, Duchemin, Paul Mantz, Charles Martel, Mendel, Victor Simond, Gugenheim, Léon Gandillot, de la Brière, Ed. Benjamin, Maurice Drack, Nunès, etc.

Puis, dans leurs loges et baignoires directoriales : MM. Hébrard du *Temps*, Francis Magnard, du *Figaro*, Arthur Meyer, du *Gaulois*, Marinoni, du *Petit Journal*, Edwards, du *Matin*, Guyon, de la *Patrie*, d'Hubert, du *Gil Blas*, Auguste Vacquerie et Paul Meurice, du *Rappel*,

Pierre Véron, du *Charivari*, Lalou, de la *France*, Hervé, du *Soleil*, John Lemoinne, des *Débats*, Magnier, de l'*Evénement*.

Parmi les personnalités mondaines, politiques, littéraires et autres, que l'observateur est toujours certain de retrouver là, citons un peu au hasard des souvenirs : Arsène Houssaye, princesse Mathilde, Charles Floquet et Mme Floquet, de Freycinet, Meissonier, Léon Renault, Alexandre Dumas, Emile Augier, Camille Doucet, François Coppée, Edmond Gondinet, Georges Ohnet, princesse Troubetzkoï, Sully Prud'homme, Emile Zola, Alphonse Daudet, général de Galliffet, général Brugère, colonel Lichtenstein, O'Connor, marquis de Turenne, de Beauvoir, Mme de Mailly, Gustave Roger, Albin Valabrègue, Paul Burani, Hippolyte Raymond, Ephrussi, Victor Koning, Raymond Deslandes, Duquesnel, Robert de Bonnières, Paul Bourget, Meilhac, Charles Gounod, Ludovic Halévy, Abraham Dreyfus, Charles Narrey, Jules Massenet, Léo Delibes, Georges Chalamet, Emile Vanderheym, A. de Saint-Albin, Bapst, Joubert, Edmond Turquet, Philippe Gille, Carraby, Cléry, Chéramy, Jules Simon, Denormandie, Carvalho, Joncières, J. Comte, Antonin Proust, Cahen d'Anvers, G. et P. Ollendorf, Decaux, Charpentier, Marpon,

Calmann Lévy, Stern, Gillou, Delpit, Protais, Saintin, Clairin, Abbéma, Chartran, Emile Bergerat, Lavoix, Decourcelle, des Chapelles, Georges Hecq, Bourdon, Armand Gouzien, G. Feydeau, Heugel, Caïn, Thomson, E. Daudet, H. Régnier, Weill, Bénédetti, Fernand Samuel, Mme Edmond Adam, Gustave Cahen, de Cyon, Donon, Réty, Debry, Ambroise Thomas, de Soria, de Flers, Adolphe Belot, Carle des Perrières, H. Houssaye, Moine, Bamberger, H. Blount, de Sagan, Roger-Ballu, etc., etc.

Le duc d'Aumale, lorsqu'il habitait Paris, était toujours dans sa petite baignoire, la première des numéros pairs (gauche), mitoyenne

avec celle qu'occupa longtemps Gambetta, qui,

peu désireux d'être le point de mire des lorgnettes, la tenait obstinément grillée, jusqu'à la fin du spectacle.

L'avant-scène du Président de la République, est celle des premières à gauche.

Le maréchal de Mac-Mahon est souvent à l'orchestre, avec MM. de Broglie et Emmanuel d'Harcourt.

Coutume inspirée par un véritable sentiment de délicatesse envers le public.

Tous les comédiens qui, n'étant pas de la pièce, veulent assister à la première, se laissent reléguer aux troisièmes loges, afin de ne point disputer les bonnes places à leurs admirateurs...

Il y a, dans cet effacement, une abnégation dont on ne saurait trop savoir gré aux jeunes et jolies actrices de la troupe.

Aussi bien, sinon mieux que d'autres, elles pourraient briller au premier rang du balcon ou dans les meilleures loges, au lieu de se nicher tout en haut, presque au paradis, les pauvres anges !

*
* *

Un spectateur illustre entre tous, Victor Hugo, fit toujours sensation lorsqu'il vint aux reprises solennelles de ses chefs-d'œuvre.

Il s'abstint pourtant d'assister au cinquantenaire de la première représentation d'*Hernani*.

On fit, ce soir-là, une ovation aux petits enfants du Maître, Georges et Jeanne Hugo, qui, de la grande avant-scène de droite, voyaient jouer la pièce pour la première fois.

Le poète fut particulièrement flatté dit-on, du désespoir dans lequel la mort d'Hernani avait plongé ces chers spectateurs.

C'est à la fin de cette soirée historique que toute la troupe, groupée autour du buste d'Hugo, de David d'Angers, rendit au poète des *Orientales*, « entré vivant dans l'immortalité, » les mêmes honneurs qu'à la gloire posthume des grands classiques.

Sarah Bernhardt, déjà acclamée dans Dona Sol, retrouva des forces pour dire un à propos de François Coppée, la *Bataille d'Hernani*, qui fut applaudi à tout rompre.

A ce même cinquantenaire, se produisit un incident qui ne laissa pas que de stupéfier les camarades de M. Mounet-Sully.

On venait de rappeler les artistes après le second acte, tous reparaissaient pour saluer, lorsque le fougueux Hernani, emballé, transporté, et se détachant tout à coup du groupe de ses camarades, se mit à agiter son chapeau d'une façon frénétique, en criant :

— Vive Victor Hugo! Vive Victor Hugo !
L'intention était bonne...

Lors de la précédente reprise d'*Hernani*, le 21 novembre 1877, Victor Hugo, placé dans une loge, fut arrêté, au moment de sortir de la salle, pendant l'avant-dernier entr'acte, par un employé du contrôle qui lui tendit une contre-marque.

— Inutile, dit le poète.

— Prenez donc! insista l'employé d'un ton bourru, je ne vous laisserai pas rentrer sans cela.

* *

D'après la composition du public des grandes premières de la Comédie, on pense bien que les entr'actes y sont d'un mouvement curieux et animé.

Malheureusement, la salle, jadis si jolie, si régulière, si harmonieuse, n'a été rien moins qu'embellie par les transformations qu'imposa la commission dite des Incendies.

Pour doter les spectateurs de la première galerie d'une sortie dont la nécessité ne se faisait point sentir, il fallut sacrifier la plus belle loge de face et pratiquer, dans cette ceinture décorative d'une architecture si agréable à l'œil, un trou béant, à l'aspect lugubre, qui enlaidit la salle, y crée d'atroces courants d'air et en compromet déplorablement l'acoustique.

Détorier ainsi et sans utilité aucune, l'un des plus beaux théâtres du monde : quel vandalisme ! quelle imbécillité !...

Mais il faut bien en prendre son parti quoi qu'on en ait.

Revenons à nos belles soirées de premières.

On se presse gaiement, cordialement, dans certains endroits adoptés, tels que la galerie des bustes, le grand foyer public et le vestibule circulaire.

Le couloir des premières loges est spécialement recherché et devient même tout à fait impraticable à son extrémité de droite où se trouve le grand palier de l'escalier d'honneur.

C'est que, vers ce point important, s'ouvre la porte de communication où se porte le flot de complimenteurs de distinction, impatients d'aller porter, au foyer des artistes, les impressions d'une salle généralement en délire.

Un huissier de confiance subit au seuil de cette porte d'effroyables assauts.

Il sont nombreux les intrus qui voudraient se glisser dans les coulisses, à la faveur d'un flot de journalistes ou d'abonnés !

Mais le fidèle porte-chaîne, courtois et implacable, est inaccessible à toute séduction, dédaigneux de toute menace.

La ruse même est impuissante à forcer sa consigne car il connaît, lui, le serviteur austère et traditionnel, les gens qu'il peut laisser passer.

La légende raconte que son incorruptibilité résista même à la promesse des palmes de *sous-officier d'Académie*.

*
* *

On ne saurait, à ce propos, trop rendre justice au petit personnel dont M. Guilloire, ex-officier d'administration, chevalier de la Légion d'honneur, est le chef suprême.

Inspecteurs, huissiers et autres subalternes sont, dans leurs rapports avec le public, d'une complaisance rare et d'une correction absolue.

M. Lesage, placeur en chef, a les allures, la dignité d'un intendant de l'ancien régime.

Chargé de prévenir le public, en fin d'entracte, à l'aide d'une petite sonnerie électrique insérée dans les poches de son habit, il s'acquittait de cette mission avec le stoïcisme du jeune Lacédémonien, dissimulant le renard qui lui ronge le ventre, et nul n'aurait pu soupçonner, en le voyant fendre les groupes retardataires, les trépidations intérieures dont il était agité.

Quant aux placeurs de l'orchestre, ils auraient inventé les égards et la complaisance, si M. de Coislin, l'homme le plus poli de France, n'était pas venu sur terre avant eux dans cette louable intention.

Personne ne connaît aussi bien les goûts, les préférences, les petites manies des habitués qui trouvent en eux des serviteurs discrets et prévenants.

Ajoutons qu'ayant à placer un public de choix, duquel le *billet bleu* est à peu près inconnu, ils sont copieusement rémunérés de leurs excellente services.

La place est bonne — à telle enseigne que l'un des titulaires se retira, il y a quelques années, avec 20,000 francs de rente.

Qu'on ose dire maintenant que l'art dramatique ne nourrit pas les siens.

*
* *

Arrivons aux représentations gratuites; non point à ces matinées que la Comédie donne tous les mois, depuis quelques temps, et dont la physionomie générale n'a rien de très particulier, mais aux spectacles vraiment populaires du 14 juillet.

L'éducation théâtrale de ce public est faite.

Sauf la longue attente de dehors, et les inévitables bousculades de l'entrée, rien ne ressemble à une représentation ordinaire comme une représentation gratuite.

Les blouses ne se montrent qu'en faible minorité et la salle ne présente plus ce coup d'œil réaliste des matinées du 15 août. La tenue y est décente, presque recherchée parfois.

On écoute dans un recueillement profond.

Quant aux entr'actes, ils se passent sans querelles, sans tumulte.

Détail significatif. Beaucoup de spectateurs quittent leurs places avec autant de quiétude qu'à une autre représentation, ce qu'on n'eût pas osé faire, il y a quelques années, sous peine de se laisser prendre son fauteuil par un amateur plus mal partagé.

Disons-le, l'empressement est beaucoup moins grand qu'autrefois. Quelques enragés viennent stationner à partir de minuit et demi, mais le gros du public n'arrive sérieusement que de huit à dix heures du matin.

Vers midi on peut évaluer la foule à plusieurs milliers de personnes.

La salle, même en comptant les nombreuses places supplémentaires qu'il est permis d'admettre, ne reçoit guère que la moitié des gens qui se présentent à flots pressés.

Sous la surveillance éclairée de M. Allais, commissaire du quartier, l'entrée se fait toujours avec un calme imposant au milieu d'un silence absolu. Jamais une réclamation ne se produit même parmi les preneurs blackboulés.

Loin d'être comme à l'Opéra, le but d'une chasse à courre, le choix des bonnes places donne lieu à un échange de politesses et d'amabilités.

On se les offre très gracieusement.

— De grâce, madame, prenez cette excellente loge ?

— Du tout, monsieur, vous êtes arrivé avant moi...

— Je vous en prie, passez donc la première ?...

— Après vous !

— Je n'en ferai rien.

Dans ces conditions, la police se fait d'elle-même, et les gardiens de la paix, postés dans les galeries, en profitent ainsi que les municipaux, pour écouter la pièce que bon nombre de spectateurs ne comprennent peut-être pas très bien, ce qui ne les empêche guère de prodiguer les applaudissements.

Beaucoup sortent en se disant :

— Nous reviendrons l'année prochaine.

X

EN COMITÉ

Une assemblée délibérante. — Les sept sages de la Grèce plus un. — Ponctualité digne d'éloges. — Les fouilles de M. Jules Claretie. — Attributions administratives, financières et contentieuses. — Un président qui en vaut deux. — Le fameux décret de Moscou. — Une nouvelle question : « Cherchez le Cosaque ! » — Le soulier de l'Auvergnat. — Portrait garanti ressemblant sans retouche. — MM. les deux suppléants. — L'influence d'un beau discours. — Les anciens. — Ce que fut le Comité de M. Emile Perrin. — Ce brave M. Kaempfen. — L'incident Dudlay. — Ses conséquences. — Points noirs et chefs de bureau à l'horizon. — Un comité d'affaires. — Et l'on revient toujours... (air connu). — Belle attitude d'un doyen. — La parole de M. Got. — Le mot d'un vieux Sicambre. — Une réconciliation administrative.

En vertu des errements actuels, la composition du Comité d'administration est exactement celle du Comité de lecture. L'un et l'autre Comités ne sont même qu'un seul et unique pouvoir, huit personnes, sans compter M. l'Administrateur général, président.

Toutefois, nous avons cru nécessaire de distinguer entre les attributions littéraires du Conseil des sept et ses fonctions administratives qui forment des départements bien distincts, si l'on veut s'en rapporter à l'esprit et non à la lettre des règlements d'administration locale.

*
* *

Cette Commission délibérante, dans laquelle il faudrait des calculateurs, se compose de six comédiens titulaires, MM. Maubant, Febvre, Mounet-Sully, Thiron, Worms, Laroche, et de deux suppléants, MM. Barré et Coquelin cadet.

Ces huit sociétaires sont chargés, sous la haute présidence de leur directeur, de prendre toutes décisions concernant le budget et de décider s'il y a lieu d'engager ou de soutenir une procédure dans l'intérêt de la Comédie, etc., etc...

Ils nomment les sociétaires pour dix ans, les révoquent ou les maintiennent ensuite et accordent, lorsqu'il y a, ou même lorsqu'il n'y a pas lieu, des accroissements de parts dans les bénéfices sociaux.

Q ant aux engagements de pensionnaires et à l'octroi de gratifications, cela relève exclusivement de l'administrateur qui consulte, mais pour la forme seulement, MM. les membres du Comité.

*
* *

Le Comité qui, sous le régime précédent, ne se réunissait pas aussi souvent qu'à son tour, tient ponctuellement ses séances du premier mercredi, ou du premier jeudi de chaque mois, depuis que M. Claretie est au Théâtre-Français.

C'est que notre ancien confrère s'est livré à de véritables travaux de bénédictin pour arriver, par l'étude approfondie des archives, à pouvoir conduire les discussions les plus ardues.

Et ce n'est pas peu de chose, en vérité, que

d'analyser, de comprendre et d'appliquer tout ce que renferme le décret de Moscou.

Le décret de Moscou!... Voilà un sujet que ce digne M. Maubant serait fort embarrassé de traiter, en conférence, dans cette salle des Capucines où triomphe parfois l'éloquence à tout dire du cadet de nos Coquelin !

*
* *

Arrêtons-nous donc un peu sur ce décret, qui doit le plus clair de sa notoriété à ce génitif qui a le don *d'épater* le bourgeois et d'imposer une sorte de respect superstitieux aux acteurs de province.

Nul sociétaire n'est censé ignorer le décret de Moscou.

Combien le connaissent en réalité.

Ils le discutent incessamment à l'aventure en faisant revenir à tout propos, dans leur langage, le nom euphonique et ronflant du pays où s'élève le Kremlin.

Mais ce décret unique, étonnant, étincelant, obsédant, semble s'obscurcir lorsque ces messieurs s'avisent de le commenter.

Jamais texte constitutionnel n'a voulu dire tant de choses contradictoires.

M. Claretie, dont le courage est inappréciable, a pris la peine, lui, de lire un certain nombre de fois ce satané document.

Il le sait presque par cœur et s'est entraîné à en disserter avec le doyen M. Got, et avec M. Proud'hon, les deux hommes de la maison qui passent pour comprendre le mieux ce produit pseudo-législatif de la retraite de Russie.

Sait-on que le courrier de cabinet, chargé de rapporter ce décret (et sans doute quelques

autres avec), fut obligé, par suite d'un accident de malle-poste, de faire pédestrement le chemin de Moscou à la frontière russe ?

Il eut les deux premiers pieds gelés que l'on ait vu revenir en France.

N'est-ce pas que cette particularité est de nature à augmenter les séductions de la légende du décret de Moscou ?

M. Bernheim, critique de la *Nation*, — et censeur à ses moments perdus — voulant faire taire les mauvais plaisants qui prétendaient que le dit décret n'avait jamais existé et que Napoléon avait songé à toute autre chose qu'à organiser la Comédie-Française pendant son séjour dans la ville sainte, en fit publier, dans la *Revue d'Art Dramatique* de M. Stoullig, le texte complet, suivi des dispositions qui en modifièrent ultérieurement certains détails.

Je ne sais quelle tentation m'a prise de reproduire également, l'interminable chef-d'œuvre administratif du vainqueur de Smolensk.

Si je me suis défendu contre cette velléité, ce n'est pas que le décret soit d'une lecture futile. Seulement, de même que le soulier de l'Auvergnat dans la soupe de la *Rose de Saint-Flour*, il tient trop de place.

*
* *

Chacun des sociétaires, ai-je besoin de l'affirmer, apporte au Comité un zèle et un dévouement, plus ou moins éclairés, mais également louables.

Leurs intentions sont pures comme le cristal et personne, même parmi les gens qui critiquent les décisions qu'on inspire à leur initiative, n'a jamais songé à mettre en doute la bonne volonté qui les anime.

M. Maubant, le vétéran du Conseil, est un brave homme, une bonne pâte de tragédien, la crème des semainiers, incapable de faire du bien ou du mal à un pauvre petit pensionnaire.

Mettez-vous à la place de cet éminent sociétaire ?

Il est à part entière et n'a plus qu'à se laisser vivre dans le vieux répertoire, jusqu'à l'heure de la pension finale.

Pourquoi se mettrait-il Silvain ou Martel en tête ?

Pourquoi se ferait-il des ennemis dans la maison ?

Ne rien dire et laisser faire : telle doit être sa devise.

N'est-ce pas votre avis ?

Alors, c'est également celui de M. Maubant, puisqu'il pense comme tout le monde.

M. Frédéric Febvre représente, au contraire,

l'activité délibérante et l'initiative ingénieuse.

J'ai eu l'occasion de présenter cet ami Fritz comme pianiste et compositeur. Il ne dédaigne pas, par surcroît, d'être journaliste à l'occasion et l'on s'explique que toutes ces spécialités d'agrément aient contribué à lui donner quelque autorité dans un milieu artistique qu'ont déserté, chacun à sa manière, MM. Got, Delaunay et Coquelin.

M. Febvre agrémente la discussion la plus aride par l'élégance anecdotique de sa causerie facile. Comme tous les Parisiens qui ont beaucoup vu, beaucoup retenu et beaucoup raconté, ce véritable *leader* intime ne dédaigne pas de rééditer ses souvenirs les plus attachants.

Mais aucun collègue ne s'avise de lui reprocher ce genre de répétition, car c'est toujours avec un nouveau plaisir que chacun d'eux l'entend conter plusieurs fois la même historiette boulevardière, les mêmes chapitres du roman comique.

M. Mounet-Sully, qui ne laissait pas, au jeune temps de sa suppléance, que de se singulariser par des motions imprévues ou des interruptions fantaisistes, s'est assagi en devenant titulaire.

C'est aujourd'hui un administrateur de sens rassis, exact et laborieux, très suffisamment doué pour traiter des questions budgétaires.

Nous voilà loin des temps héroïques où seule, l'influence de son doyen pouvait avoir raison de ses emballements, — d'où le proverbe local : « Mounet s'agite, et Got le mène. »

En séance, M. Mounet-Sully crayonne avec acharnement, et sur tous les papiers qu'on laisse traîner à portée de sa main, des portraits, des paysages, des marines et des natures mortes.

Il s'en acquitte même fort bien pour un artiste dramatique.

M. Thiron n'offre aucune particularité à

l'observateur attentif, du moins comme membre d'un Comité d'affaires.

Lorsqu'une question d'intérêt supérieur s'agite au sein des Huit, il se mêle cependant aux discussions pour donner le mot juste... en risquant le mot spirituel.

Ses satanés *mots* lui ont valu quelques solides inimitiés dont le nombre va sans cesse s'augmentant car l'esprit, chez M. Thiron, est vraiment intarissable.

Travers particulier : ce comédien, impitoyable railleur, est d'une susceptibité à nulle autre pareille et conserve de féroces rancunes pour la plus inoffensive plaisanterie le concernant.

Alors, ô comédien de grand talent, mais de petite logique, pourquoi faites-vous à tant d'autres ce que vous ne voudriez pas que l'on vous fît ? (*Evangile selon saint Potin.*)

Au demeurant le meilleur fils du monde que ce grand artiste-là.

M. Worms, austère, correct, glacial, est le misanthrope, l'Alceste du Comité.

Celui-là ne dit presque jamais rien ; mais il en pense davantage...

Il aurait d'excellentes choses à dire, paraît-il.

Mais à quoi bon ?

Pour s'isoler davantage encore !

Autant patienter jusqu'en des « temps meilleurs... » qui ne viendront peut-être pas.

C'est ce que fait M. Worms.

Bien différent est M. Laroche, logicien précis, un peu tatillon (ce qui est une qualité comme une autre), et qui ne s'accommoderait pas d'avoir raison *in-petto*, d'enrager sans rien dire.

Son rôle au Comité est même un peu celui d'un Mentor sévère, mais juste.

C'est M. Laroche qui, sous la dictature d'Emile Perrin, osa, simple suppléant, s'élever contre le luxe par trop onéreux de certaines toilettes féminines, remboursées par la caisse du théâtre.

Le vindicatif prédécesseur de M. Claretie lui fit bien voir alors que « la maison n'était pas à lui. »

Cette dure expérience fit réfléchir M. Laroche, et seule, l'arrivée de l'administrateur actuel put lui rendre son franc parler.

Les suppléants, MM. Barré et Coquelin cadet, sont très écoutés de leurs chefs de file ; le premier est à la veille de sa retraite.

Leur rôle est forcément effacé comme celui de tous les suppléants passés, présents et à venir, bien qu'ils prennent part aux délibérations.

Cependant lorsqu'ils remplacent un taux malade ou quelque autre absent, ils se font un devoir de voter avec la majorité — eux pas bêtes !

Rappelons que c'est le bibliothécaire-archiviste, M. Georges Monval, qui remplit, le plus heureusement du monde, l'intéressante fonction de secrétaire du Comité, qu'il s'agisse de lecture ou de délibération administrative.

*
* *

Si minime que soit son effectif, le Comité du Théâtre-Français a toujours eu des séances intéressantes, des discussions passionnées.

Là, aussi bien qu'au Parlement, la supériorité oratoire peut s'affirmer avec éclat et les comédiens subissent, plus que personne, l'influence d'un discours bien fait, d'un exorde bien équarri, de déductions habiles, de développements bien charpentés et d'une péroraison aussi véhémente que les fureurs d'Oreste.

Peut-être les séances présentaient-elles sous M. Perrin, quand toutefois elles avaient lieu, moins d'intérêt qu'à présent.

Un peu trop maître des délibérations, M. Perrin savait toujours se faire... approuver de son Comité, ne reculant devant aucune force d'argumentation pour séduire, à tout prix, les dissidents qui manifestaient, à de rares intervalles, quelque esprit d'opposition.

Seul, parfois M. Got, déroutait l'autoritarisme de son directeur.

S'il n'y avait eu là une autorité administrative supérieure à la sienne, le créateur du *duc Job*, y eût été l'arbitre des décisions collectives, non-seulement en raison de son titre de doyen, mais aussi à cause de l'ascendant personnel que lui assurent parmi tous son prestige et sa haute situation artistiques.

Très absolu, très entier, voire un peu intolérant, M. Got mettait au service de ses chers principes d'économie budgétaire une ténacité bien digne de son origine bretonne. Il savait maîtriser néanmoins les velléités d'opposition dont il est nécessairement taquiné par ce vieil esprit frondeur qui, aux temps déjà lointains de son âge mûr, le mit en procès avec la propre maison de Molière.

En somme, M. Got représentait assez bien, au Comité du Théâtre-Français, ce genre de révolutionnaires convertis, devenus sénateurs avec le temps, et dont les rares coups de bou toirs ne troublent plus âme qui vive.

Quant à M. Delaunay, il se montrait classique au Comité comme ailleurs.

Tout pour et par les *traditions.*

Si sa jeunesse restait *traditionnelle,* sa façon d'administrer ne l'était pas moins.

L'éternel jeune premier vivait dans l'admiration du passé sans trop oublier les intérêts du présent — ni même ceux de l'avenir.

Orateur discret, auditeur prudent, M. Delaunay faisait preuve, en séance, d'un opportunisme que rien ne déconcertait, appréciant à leur haute valeur les avis de M. l'administrateur général qui trouva toujours en lui l'approbateur le plus résolu.

Grand ennemi des difficultés, l'incomparable Perdican esquivait les séances dangereuses, dut-il s'excuser par lettre et jouer à domicile le *Malade imaginé.*

M. Coquelin aîné, devenant pensionnaire rue Richelieu, comme chacun l'espère, ne pourrait reprendre un poste administratif dans lequel il montra jadis quelque supériorité et que lui fit quitter le conflit Dudlay.

L'ex-ami de Gambetta avait toutes les aptitudes qu'il faut pour rendre de grands services en Comité : un *bagout* vif et abondant, une assurance imperturbable, de l'esprit, de la mémoire, de l'œil, de la dent, une certaine facilité d'assimilation et l'heureux privilège de savoir un peu de tout.

Il lui eût donc été plus aisé qu'à tout autre de tenir, en regard des principes autoritaires d'Emile Perrin, l'emploi de grand premier contre-poids administratif.

Seulement, M. Coquelin, quoique jeune encore, a vu beaucoup de pays. Il s'est assez instruit en voyageant pour savoir qu'il n'y a aucun profit à engager des conflits d'attributions avec le représentant de l'autorité officielle.

Il tenait donc avant tout à éviter de fâcheuses sujétions, incompatibles avec son horreur de la vie sédentaire.

Je viens de rappeler le très fâcheux incident Dudlay.

Sait-on que la démission collective du Comité faillit faire mettre en tutelle l'administration même de la Comédie ?

Un moment, il fut question de supprimer le

Comité et de confier ses attributions à des chefs de bureaux du ministère des Beaux-Arts.

M. Claretie put parer au danger de cette invasion des ronds de cuir, dont la Comédie-Française ne se fût pas relevée, en faisant accepter d'urgence un Comité composé de MM. Maubant, Mounet-Sully, Thiron, Barré, Coquelin cadet, Proudhon et Silvain.

Pendant un an, ces messieurs, faisant assaut de zèle et de dévouement dans des circonstances difficiles, accomplirent d'excellente besogne.

L'exercice terminé, MM. Febvre, Worms et Laroche, oubliant leur serment d'intraitabilité, voulurent bien reprendre leurs anciennes fonctions.

MM. Barré et Coquelin cadet redescendirent alors à la situation de membres suppléants, tandis que MM. Proudhon et Silvain rentraient dans le sociétariat privé.

Seul M. Got, tout en consentant à siéger aux lectures à titre de Doyen, refusa noblement de faire encore partie d'une assemblée dans laquelle il avait juré de ne plus reparaître le jour où le ministère en avait méconnu les décisions en maintenant malgré lui le sociétariat de Mlle Adeline Dudlay.

A tout ce qu'on lui disait pour avoir raison de ses scrupules, il répondait :

— J'ai juré... je tiens parole !...

Et, comme l'un de ses compagnons de serment y mettait une insistance par trop prolongée, le fier burgrave de la Comédie s'écria, dans un accès de parodie lyrique :

> Jadis, il en était
> Des serments qu'on faisait chez notre vieux Molière
> Comme de nos succès de presse et de première :
> Ils n'étaient point en « toc... »

*
* *

Ne quittons pas le Comité de la rue de Richelieu sans mentionner une tendance de réconciliation entre MM. les Sociétaires et notre confrère Emile Bergerat.

Notre spirituel collaborateur Job, dans ses ravissantes illustrations du premier chapitre de ce livre, prête, à l'auteur qui attend le verdict des comédiens-sociétaires, dans le cabinet directorial, les traits du meilleur ami de Caliban.

On ne pouvait mieux choisir le patient.

Bergerat est le plus obstiné, mais aussi le

moins gâté parmi les écrivains dramatiques qui frappent à la porte de la maison de Molière.

Il ne se lasse point de présenter des pièces que, de leur côté, les comédiens semblent prendre à tâche de refuser de défiance.

Et cependant Bergerat n'est point un débutant au Théâtre-Français; il y fut mieux accueilli au temps de ses débuts littéraires.

On lui tient sans doute un peu rigueur, en raison des trop spirituelles attaques de Caliban dans le *Figaro*.

Je n'affirme rien : je suppose.

Les gens les plus honnêtes, les plus impartiaux ne sont-ils pas portés à tirer vengeance des railleries qui amusèrent toute une galerie à leurs dépens ?...

Heureusement pour Bergerat — et, selon moi, heureusement aussi pour la dignité d'un théâtre qui ne doit pas fermer systématiquement ses portes à un écrivain de sa trempe — une sérieuse intervention produit déjà ses bienfaisants effets.

Le différend — le malentendu semble devoir s'aplanir. On le verra bien à la première où à la seconde lecture de Bergerat.

L'amitié de l'auteur du *Demi-Monde* a exercé,

sur l'auteur satirique d'*Ours et fours*, la plus heureuse influence.

Et les circonstances dans lesquelles se sont créées les relations de ces deux hommes méritent d'être révélées ici.

On avait mené grand bruit, dans la presse théâtrale, d'une similitude de sujet entre *Francillon*, alors à l'étude rue Richelieu, et *Herminie*, de Bergerat, jouée deux ou trois ans auparavant à Bruxelles.

Dumas s'en émut, s'empressa de lire la comédie de son confrère ; puis arrivant à l'improviste et sans façon chez Bergerat, un dimanche matin, lui dit :

— Je n'avais pas le plaisir de vous connaître, la lecture de votre *Herminie* m'amène à vous, la main tendue. On a voulu voir, entre cette pièce et ma *Francillon*, une ressemblance qui n'est qu'une analogie. Je suis persuadé que la représentation de l'une ne saurait empêcher la représentation de l'autre... et la preuve c'est que, si cela vous va, je ferai des démarches pour caser votre œuvre dont je suis tout à fait entiché.

Disons-le très haut, Dumas n'en est pas à sa première manifestation de bonne et vaillante confraternité.

L'heure serait venue depuis longtemps de lui faire rendre, à ce point de vue, la justice à laquelle il aurait droit, s'il ne repoussait, d'une volonté formelle, le bénéfice moral de cette légitime satisfaction.

XI

REVUE DE LA TROUPE

Une entreprise épineuse. — Doyen devenu ermite. — Un vieux de la vieille. — « Il reviendra ! » — Un bout de ruban S. V. P. ? — Le tragédien-étoile. — Comment se crée un emploi. — Le sauveteur de la *Souris*. — Une paire de cierges. — Le petit frère. — Un seigneur de la Cour du Roi Soleil. — L'héritage de Delaunay. — L'art de ne pas être sociétaire. — Surtout, pas de zèle ! — Petite classe. — Où l'auteur s'embarrasse de plus en plus. — La petite souris. — Une Henriette sans rivale. — Heureuse nature ! — Les grands premiers rôles de la maison. — Une femme trop modeste !! — Une tragédienne de tête. — La cruche cassée. — Carrière accidentée. — Une soubrette d'extra. — Ambition mal placée d'une artiste d'ailleurs. — A l'Odéon, Mesdemoiselles !

Je ne me dissimulerai point que j'arrive ici à la partie délicate, sinon dangereuse de cet ouvrage écrit en toute sincérité.

Le moment est venu d'inventorier l'humaine troupe de la Divine Comédie.

Il me faut heurter, si légèrement que ce soit, les susceptibilités les plus farouches du monde...

Avouez que c'est héroïque !

Mon embarras ne sera pas grand pour commencer, puisque je n'ai guère que des témoignages d'admiration à donner.

C'est par la physionomie du maître, du doyen, que commence en effet cette galerie de portraits à la plume.

SOCIÉTAIRES

Got. — Longtemps confiné dans les seconds comiques, ce très remarquable comédien sut acquérir, par des créations aussi diverses que *Giboyer*, le *Duc Job* et *Maître Guérin*, le droit d'aborder indistinctement la plupart des emplois.

Il occupe, sans pontifier, une situation vaillamment acquise.

A-t-il toujours les illusions, les généreuses ardeurs de la période militante ?

Lui-même n'en jurerait pas.

Se rappelle-t-il seulement qu'avant de se faire ermite, il batailla judiciairement contre la Comédie et demanda que la Société fût dissoute ?

C'est douteux.
Accaparé depuis longues années par les seules

préoccupations artistiques, M. Got a su rester égal à lui-même.

C'est un comédien auquel s'applique avec précision cette épithète « d'éminent » dont on abusa tant pour bien d'autres ; c'est un interprète consciencieux, attentif et distingué, donnant toute sécurité à MM. les académiciens qui l'honorent de leur confiance.

M. Got ne cesse d'étudier, de perfectionner un rôle, l'eût-il joué deux cents fois ; il arriva ainsi à atteindre, en certaines pièces, l'idéale perfection.

L'un de ses auteurs, Léon Laya, frappé de la façon saisissante dont il avait personnifié le héros de son *Duc Job*, lui mit, sur la brochure, un véritable brevet de collaboration : *Au duc Got !...*

MAUBANT. — Les jeunes pensionnaires, qui ne respectent presque rien, disent qu'il tient ce qu'en argot de coulisse, on appelle « les vieux de la vieille. »

Il les tient en tout cas avec une autorité que le temps a rendue classique.

Cet excellent Ruy-Gomez de Silva arrive honorablement à la fin d'une carrière utile et laborieuse, et la décoration qu'il porte, pour lui avoir été octroyée à l'ancienneté (celles de MM.

Got et Delaunay ayant été obtenues précédemment au choix), n'en fut pas moins accueillie favorablement par un public qui n'y pouvait voir le moindre inconvénient.

M. Maubant fut même, à cette occasion, honoré d'applaudissements flatteurs et significatifs la première fois qu'il parut en scène, étant chevalier de la Légion d'honneur.

C'était dans le *Cid*.

Quand Don Diègue prononça ces vers d'entrée qui s'appliquaient si bien au cas de son interprète :

> Cette marque d'honneur qu'il met dans ma famille
> Montre à tous qu'il est juste, et fait connaître assez
> Qu'il sait récompenser les services passés.

Une double salve souligna fort à propos le sens que prenaient incidemment ces vers dans la bouche de M. Maubant.

On reproche parfois à ce successeur de Beauvallet les étrangetés de prononciation causées par l'âge.

Il est vrai que la magnifique voix qu'on lui connut s'est altérée à force de marteler l'alexandrin classique. Mais le public peut — et doit supporter ce désagrément en raison des services prolongés de ce vieux et dévoué tragédien, dont la prestance superbe, le masque imposant, le geste solennel, feront jusqu'au bout honneur à ces grands vieillards cornéliens qui restent ses meilleurs rôles.

Coquelin aîné. — Laissez-moi le considérer comme étant toujours de la maison, où nous pourrons un jour le revoir.

De la maison !... Et qui donc en est davantage, j'allais dire « autant » que lui ?

Il n'y a pas à se le dissimuler, dans ce théâtre où l'art compte tant de représentants simplement honorables, une personnalité aussi brillante, aussi exceptionnelle que celle-là devient une sorte de gloire locale.

On lui reproche, à cet interprète sans rival de Molière, de Regnard et de Marivaux, à cet admirable créateur de Gringoire et du duc de Septmonts, d'être un sociétaire difficile à conduire, incapable de s'astreindre à la discipline sociale, aux obligations collectives.

— Il a, me disait un de ses bons camarades, le plus fâcheux caractère.

Admettons ces critiques encore qu'exagérées.

Mais, mon Dieu, Dieu tout puissant, donnez-nous donc beaucoup d'artistes tels que celui-là... au prix des mêmes inconvénients ?

Accablez-nous de grands comédiens comme Coquelin ; joignez-y, Seigneur, un lot de grandes tragédiennes comme Sarah Bernhardt ; affligez-les tous de l'humeur la plus fantasque, du caractère le plus déplorable. On sera encore heureux de les accepter ainsi !

Et leurs travers nous seront moins désagréables que la banalité des braves gens, des doux médiocres dont il se faut bien contenter parfois, faute de mieux, dans les principaux emplois.

Febvre. — On disait autrefois *Frédéric Febvre*; on dit maintenant *Febvre* tout court.

Cela prouve que cet acteur de tant de ressources a pu fournir deux carrières bien distinctes.

Car tout a une raison dans la façon dont s'exprime le public en désignant ses artistes de prédilection.

Frédéric Febvre, c'était le grand jeune premier rôle du Vaudeville, le créateur des belles comédies de Sardou, le digne partenaire de Mlle Fargueil dans *Nos Intimes*, dans la *Famille Benoiton*, dans *Maison-Neuve* ; c'était l'amoureux romanesque, passionné, fougueux, l'un des meilleurs interprètes qu'ait eus le Maxime Odiot du *Roman d'un Jeune homme pauvre*.

« Febvre » tout court, c'est, depuis la retraite de Geffroy, l'homme de théâtre qui sait le mieux camper en scène un personnage historique ou moderne ; celui dont l'apparition produit toujours une impression profonde quelle que soit la silhouette qu'il fasse apparaître en se montrant : Clarksonn, Don Salluste ou Saltabadil.

C'est aussi l'homme des parties difficiles à jouer, le sauveteur des rôles dangereux, le comédien prodigieusement habile qui créa, avec un tact si sûr, le mari de la *Princesse de Bagdad* et Lucien de Rivérolles dans *Francillon*.

En somme, un talent de composition unique, une facilité d'identification peu commune.

M. Febvre n'est pas, en revanche, le premier diseur de la Comédie-Française.

Mais, s'il avait tout, absolument tout pour lui, ce n'est point chevalier, c'est officier de la Légion d'honneur qu'il aurait fallu le nommer, car, joignant les qualités vocales d'un Delaunay ou d'un Worms à toutes celles qu'il a déjà, notre ami Fritz serait tout simplement le premier comédien du Monde où l'on s'envie.

THIRON. — Le seul qui pouvait reprendre avec succès les rôles de Samson et de Provost.

Mais qui les jouera après lui?

Il n'y a pas, dit-on, d'homme indispensable au théâtre.

Encore une de ces phrases poncives et bêtes que les incapables seuls ont intérêt à vulgariser.

Profitons donc des quelques bonnes soirées que peut encore nous donner ce comédien exquis et souhaitons malgré ses fatigues, qu'on n'ait pas à le remplacer aussi tôt qu'on le craint.

Il y a tant d'esprit, tant de verve brillante, tant de belle humeur dans ce beau talent-là ! la voix est si claire, l'allure si réjouissante !...

Et il y a si peu de tout cela chez les jeunes élèves qui aspirent à remplacer ce maître !

Pourquoi M. Thiron n'est-il pas encore décoré ?

Je ne veux pas même connaître les mauvaises raisons qui peuvent retarder une décision que l'âge, les services et la supériorité de l'artiste imposent à l'administration des Beaux-Arts.

Etant donné que les acteurs qui honorent ou illustrent la scène française ont droit au ruban rouge, M. Thiron devrait l'avoir à sa boutonnière.

Mounet-Sully. — Présentement l'étoile de la maison.

— Il n'y pas d'étoiles dans la Maison de Molière, me répondront — ou penseront, sans oser le répondre, ceux qui, comme le satin de chine, sont tout au plus bons à servir de doublures.

Pardon!... il n'y en a jamais assez.

Nous en voudrions, nous, toute une constellation.

Malheureusement, c'est la nébuleuse qui domine dans le ciel de toile peinte!

Or, il n'y a pas à le nier, M. Mounet-Sully a fait recettes dans la reprise d'*Hamlet* ; il a fait recettes aux Français comme Judic aux Variétés, comme Sarah Bernhardt à la Porte-Saint-Martin.

C'est très beau d'affirmer qu'il n'y a rue Richelieu qu'un ensemble illustre dominant toutes les individualités, si éclatantes qu'elles soient. Mais le public ne se préoccupe pas moins, là comme partout ailleurs, des noms portés sur l'affiche.

Celui de M. Mounet est actuellement l'un de ceux qui l'attirent.

Que cet artiste joue le *Cid*, *Phèdre*, *Hamlet*, *Amphitryon*, où certes il est incomparable, ou qu'il reprenne ses rôles du répertoire d'Hugo dans lesquels il s'éloigne sensiblement de l'exquis en art, l'empressement de la foule est le même.

Merveilleusement doué, ayant des lueurs de génie suivies d'inégalités étranges, ce véritable grand artiste parvient, comme jadis Kean, puis Frédérick-Lemaître, à s'identifier moralement avec ses personnages au point de s'y tromper lui-même par un phénomène d'hallucination scénique qui, chez un sujet « moins notoirement sincère », pourrait passer pour la recherche d'une attitude.

Dans l'action, notre premier tragédien n'est plus Mounet-Sully, il devient Oreste, Hippolyte, Hernani, Ruy-Blas ou Rodrigue.

Et les artistes qui lui donnent la réplique ? dira-t-on.

Il ne les reconnaît pas.

C'est tellement vrai — quoique fort invraisemblable — qu'au lendemain d'une représentation d'*Amphitryon* dans laquelle Coquelin avait joué Sosie au pied-levé, il répondit à quelqu'un qui lui demandait comment cela s'était passé :

— Eh ! quoi ! vraiment, M. Coquelin a remplacé M. Thiron hier ?

— Ne le savez-vous pas ? s'écria l'interlocuteur.

— Ma foi, je n'ai pas encore lu les journaux de ce matin.

— Vous ne jouiez donc pas non plus ?

— Pardon ! je faisais Jupiter.

— Eh bien ?

— Eh bien ! ajouta Mounet le plus sérieusement du monde, étant Jupiter, j'avais cessé d'être moi-même, je ne connaissais plus ni M. Thiron, ni M. Coquelin, je n'ai vu que Sosie.

Avouez que cela a bien l'air d'une mystification.

Le plus charmant, c'est que ce n'en est pas une.

LAROCHE. — Comédien modèle par sa correction, sa diction sobre et précise.

Ce qu'il dit est exactement dit ; ce qu'il fait est d'un bon enseignement.

Le public a l'air d'être à l'école.

Néanmoins, ce rhétoricien en art dramatique, qui ne s'emballe jamais et n'emballe jamais personne, a remporté des succès d'autant plus estimables qu'ils étaient obtenus sans vaine habileté, sans concessions aux petites faiblesses du spectateur, par la seule force d'un talent âpre et sagement acquis, avec des effets d'une grande simplicité.

Au théâtre, quand une comédie possède, parmi ses personnages, un homme honnête, correct, d'une franchise à toute épreuve, tout d'une pièce enfin, quelque chose comme le Misanthrope moderne mais beaucoup moins bavard qu'Alceste, on dit : « C'est un Laroche. »

Voilà comment se crée un emploi.

Barré. — On ne réparera jamais, quels que soient les éloges prodigués à cet excellent comédien, la trop longue injustice dont il a été l'objet.

M. Barré, pendant la plus grande partie de sa carrière, a vu méconnaître les rares qualités qu'il possède pour l'emploi des financiers.

Le public, lui, l'avait distingué et, dès longtemps, classé à sa vraie place.

Aussi, n'y eut-il qu'un cri lorsqu'on apprit sa tardive nomination de sociétaire :

— Comment !... il ne l'était donc pas ?

Worms. — Je ne voudrais pas poser le « Stan » de *Francillon* en comédien méconnu.

Après d'heureux débuts autrefois, il avait dû, dans une circonstance où sa dignité d'artiste était en jeu, accepter, faute d'un sociétariat bien acquis, de s'expatrier en Russie.

Le bruit de ses succès au théâtre Michel vint bientôt de Saint-Pétersbourg jusqu'à nous et fit comprendre, même à l'administration des Beaux-Arts de ce temps, ce que la faveur d'une jolie pensionnaire, indûement promue au sociétariat, nous avait fait perdre.

Le rapatriement en France, si difficile pour certains « comédiens ordinaires du Czar » fut un triomphe pour M. Worms.

De retentissants exploits au Gymnase devaient le ramener rue Richelieu où ses débuts dans le *Marquis de Villemer* furent si heureux.

Et cependant M. Worms n'est vraiment apprécié à sa haute valeur que lorsqu'un jeune camarade cherche à le suppléer.

C'est que la tâche de l'éminent artiste est souvent ingrate.

Sombre, fatal, passionné, l'incomparable

Charles-Quint d'*Hernani* semble voué aux héros qui n'ont pas de chance.

Il est bien rare qu'un soupirant personnifié par lui ait beaucoup d'agrément dans l'action, même lorsqu'il épouse au dénouement.

Et encore !...

Avouez que son « petit monsieur » de *Denise* n'est pas si favorisé dans son bonheur final ?

M. Worms engendra moins de mélancolie dans *Francillon*.

Mais le mondain élégant, disert, le Desgenais sceptique et blaguant la situation qu'il lui fallut représenter dut singulièrement le troubler dans sa sincérité d'artiste vibrant, emballé, passionné.

Il n'y parut guère, d'ailleurs, car la création de Stéphane lui fit grand honneur.

Faut-il rappeler le triomphe de Terre-Neuve qu'il obtint à la dangereuse première de la *Souris* ?

Jamais grand comédien ne fut plus frénétiquement consacré que M. Worms, ce soir-là, par les acclamations d'une salle enthousiaste.

Ils imposèrent, lui et Mlle Reichemberg, un succès de pièce qui, sans eux, pouvait être fort compromis.

Pailleron fit brûler deux cierges le lendemain à Notre-Dame des Victoires.

L'auteur pouvait s'imposer ce léger sacrifice.

Coquelin cadet. — Le principal mérite de cet artiste, auquel on prête beaucoup d'esprit, c'est d'avoir su se créer une petite place à l'ombre de son grand frère.

Il a fallu, pour cela, déployer un certain tact et faire preuve d'une patience à toute épreuve — je ne parle pas du talent : nous l'apprécions tous.

Quand je dis tous... il en faut bien retrancher M. Sarcey.

Car le critique du *Temps* n'est pour rien dans

la situation que les années et les circonstances ont faites à Cadet.

Tout ce qu'un feuilletonniste de talent peut

accumuler d'arguments, de boutades, de sévérités, d'ironies peu agréables a été dirigé par notre puissant confrère contre le second des Coquelin.

Il s'est même trouvé parmi les gens de théâtre plus d'un lecteur qui s'est dit :

— Sarcey a bien raison !

Et pourtant le célèbre monologuiste est incontestablement l'un des comiques qui font rire le plus bruyamment les habitués de la Comédie-Française.

Sarcey a-t-il tort ?

Est-ce le public qui n'a pas raison ?

Cela n'est pas très facile à juger en appel.

Ce qui me paraît bel et bien acquis, quelles que soient les causes du résultat obtenu, c'est que M. Coquelin cadet est un homme amusant.

Voilà qui ne se discute plus.

PRUD'HON. — Un artiste consciencieux, travailleur, dévoué aux intérêts de la maison et qui s'est acquis, dans la comédie classique, une autorité désormais indiscutée.

Tout le monde s'accorde à reconnaître qu'il porte comme personne les costumes Louis XIV et Louis XV.

C'est une partie de l'histoire de France qu'on

lui met sur le dos et qu'il représente avec l'élégance rétrospective qu'elle comporte.

Les modes actuelles ne lui vont pas moins bien d'ailleurs ; il a même fait dans le répertoire moderne, un certain nombre de créations dont trois surtout — le docteur Solem de *Christiane*, le Bellac du *Monde où l'on s'ennuie* et le clerc de *Francillon* ont été de très grands succès personnels.

Silvain. — M. Maubant, qui est si souvent roi de tragédie, a, dans la personne de M. Silvain, un héritier présomptif qui ne laissera pas tomber en quenouille le sceptre de Mithritade, d'Auguste et d'Agamemnon.

Ce tragédien semble surtout avoir horreur du *ronron* tragique et des traditions surannées.

Il pense, avec beaucoup d'excellents esprits, que, tout en respectant le style consacré de la déclamation classique, on peut traduire d'humaine façon les sentiments qui agitent l'âme des héros de Corneille, de Racine et de Shakespeare.

Avec lui, pour ne citer qu'un seul de ses rôles, le Félix de *Polyeucte*, sans perdre son allure et sa physionomie de gouverneur romain, subit très naturellement les angoisses du fonctionnaire de tous les temps, de tous les pays, aux prises avec une situation difficile.

Un préfet quelconque n'agirait pas autrement au dix-neuvième siècle ; il aurait les mêmes soucis, la même politique, le même désir de tout concilier en conservant sa place et, finalement, le même excès de zèle néfaste.

Seule, la maladresse des amis trop dévoués, des admirateurs à outrance pourrait griser M. Silvain.

Mais le jeune sociétaire, artiste avisé qu'une vaine fatuité n'égare point, ne perd pas son temps à triompher au milieu d'une petite cour d'amateurs de *billets bleus* (rien de la Banque).

C'est un chercheur et un laborieux qui ne se croira jamais arrivé — tant qu'il lui sera possible d'aller plus loin.

Baillet. — Les artistes ne sont pas, aux Français, meilleurs camarades qu'ailleurs et je sais que la nomination du sociétaire Baillet n'alla point sans quelques grincements de dents *intra-muros*.

Elégant cavalier, de physique agréable, cet artiste, sans avoir encore retrouvé rue Richelieu ses succès de l'Odéon, y a rendu cependant d'appréciables services. Plusieurs rôles d'amoureux classiques sont très convenablement tenus par lui et deux de ses créations, *Daniel Rochat* et *Denise*, lui firent quelque honneur.

Certes, on eut le tort de lui confier parfois de rudes missions.

Mais pourquoi s'en prendre à lui ?

Le Bargy. — Je ne connais pas, à la Comédie-Française ou ailleurs, un artiste qui ait été plus chaleureusement soutenu par la critique théâtrale.

Malheureusement pour M. Le Bargy, le public, n'aimant pas toujours à se laisser diriger dans ses prédilections, se refuse encore obstinément, malgré les efforts de l'artiste et le parti-pris des journalistes, à accepter cet ex-protégé de Sarcey comme successeur de Delaunay.

Cependant M. Le Bargy dispose de réelles qualités ; la voix notamment a beaucoup de charme et l'artiste sait la conduire avec un certain art.

Que manque-t-il donc au nouveau sociétaire pour remplacer l'irremplaçable amoureux du répertoire de Musset ?

Il lui manque hélas ce qu'exige impérieusement l'emploi : la jeunesse !...

Cela est tellement vrai que mon meilleur ami, le voyant entrer en scène, la première fois qu'il succéda au maître diseur dans *Il ne faut jurer de rien*, s'écria très sincèrement, en plein orchestre :

— Comme Delaunay a vieilli !

Et cependant je tiens à le répéter, ce n'est pas le talent, ce n'est pas l'intelligence qui manquent ici.

Que M. Le Bargy, dont nous apprécions tous la légitime ambition, soit persuadé d'une chose : le répertoire moderne lui deviendra plus favorable quand les circonstances lui permettront d'aborder certains rôles de M. Worms.

Vienne, pour cet artiste à l'aspect romanesque mais souffreteux, l'occasion de créer un héros mélancolique en de tristes amours — et son succès ne sera plus contesté par personne.

De Féraudy. — Plus heureux que son camarade, M. de Féraudy a rencontré d'emblée la voie qu'il devait suivre.

Sans prétentions choquantes, sans fatuité trop ostensible, lentement et sûrement, il s'empare d'un certain nombre de rôles, s'y perfectionne relativement, fait peu à peu la conquête du public et n'a plus qu'à se laisser vivre pour recueillir au moment psychologique (mais encore éloigné) la succession de M. Got, dont il fut l'élève et qui lui veut du bien.

Boucher. — Celui-là peut-être aurait pu prétendre à une véritable situation de jeune premier.

Il semblait plein d'avenir au sortir du Conservatoire.

Mais, hélas ! comme on devait lui faire reperdre le temps trop tôt gagné !...

La guigne de ce comédien fut d'avoir comme chef d'emploi, pendant près de vingt ans, M. Delaunay qui, adorant le théâtre et ne quittant jamais ses rôles, ne laissa pas à son jeune camarade une occasion dont il aurait su profiter... autrement que bien d'autres.

Promu tardivement au sociétariat, M. Boucher, revenu des ambitions d'ici-bas, ne doit plus guère songer qu'à changer d'emploi pour se refaire une vocation.

Truffier. — Manque peut-être d'envergure, non point d'habileté.

C'est, parmi les jeunes, l'un des artistes adoptés, aimés par le public de la Comédie.

Sa situation grandit de jour en jour, et tout auteur qui compte, dans sa distribution, un rôle épisodique, une physionomie originale ou cocasse jetée en travers de l'action, réclame avec instance le concours de ce talent jeune, alerte et spirituel.

Avec cela une intelligente interprétation de Molière, de Regnard, de Marivaux, ce qui ne gâte jamais rien dans la maison.

Pourtant, de tous ses rôles, c'est encore celui de la *Métromanie* que préfère M. Truffier, bien qu'il ne le joue qu'à la ville.

Il y est fort divertissant.

Lorsque, froissé à juste titre qu'on lui eût préféré d'autres pensionnaires pour le sociétariat, M. Truffier parla de démission, il avait projeté de renoncer au théâtre en faveur de la poésie.

Cette menace, doublement fâcheuse, ne fut pas mise à exécution.

Nommé sociétaire à fractions de part, le poëte reste Comédien.

Tout est pour le mieux.

PENSIONNAIRES

GARRAUD. — Il est permis de supposer que M. Garraud n'a point d'ambition, distrait qu'il est de ses déceptions imméritées d'artiste par ses succès de chansonnier, membre du Caveau.

Doyen du pensionnat, il aurait dû monter en grade depuis nombre d'années, étant de ceux qui, toujours sur la brèche, collaborèrent à la fortune de la maison.

Sa réussite, après Got, dans le docteur Rémonin de l'*Etrangère*, la reprise de quelques rôles délaissés par M. Thiron lui créaient pourtant des titres au choix du Comité.

Pourquoi ne réclame-t-il pas hautement une distinction qui lui est due ?

Car, après tout, s'il n'y tient pas lui-même, pourquoi serait-on plus royaliste que le roi ?

La résignation, mon cher monsieur Garraud, n'est pas toujours une vertu. Vous pensez que seuls, vos excellents états de service doivent plaider en votre faveur et que la brigue est indigne d'un véritable artiste?

Gros naïf!...

Martel. — Le cas de M. Martel ne laisse pas que de m'embarrasser.

Cet excellent homme est tragédien de cœur et d'âme, tragédien jusqu'au bout des ongles, tragédien comme on ne l'est pas.

Voyez pourtant ce que peut avoir d'imprévu la destinée d'un adepte du plus grand art.

C'est dans son général du *Monde où l'on s'ennuie*, c'est en jouant un rôle comique que M. Martel a obtenu le plus grand succès de sa carrière de tragédien.

Nom d'un peplum !

Joliet. — Fils d'un acteur estimé du Vaudeville, très estimé lui-même rue Richelieu, où il se fit surtout applaudir en interprétant dans un acte de Ferrier (*quantum mutatus ab illo !*) le rôle d'un avocat qui ne disait rien.

Peu d'ambition.

Dupont-Vernon. — Du zèle, beaucoup de zèle, avec un certain acquis résultant d'études acharnées.

Ayant jeté la robe d'avocat aux orties pour céder à la plus irrésistible des vocations, M. Dupont-Vernon est bien le plus obstiné travailleur du Théâtre-Français. Ajoutons que la sympathie qu'il inspire à tout le personnel de la maison fait honneur à son caractère. Les témoignages les plus touchants lui en furent prodigués, dans une circonstance douloureuse et récente, quand il perdit l'artiste distinguée, la femme de cœur qu'il avait épousée au début de sa carrière dramatique.

Auteur d'un estimable traité sur l'*Art de bien dire*, M. Dupont-Vernon possède à fond la théorie de cet art.

Il parviendra sans doute à bien prêcher d'exemple.

Son tort est présentement de croire que toutes les occasions sont bonnes pour se produire, et de n'avoir point adopté d'emploi définitif, à force de les vouloir aborder tous.

Ce futur sociétaire, doué d'une mémoire à laquelle on ne peut comparer que celle de Coquelin aîné, sait, sur le bout du doigt, plusieurs centaines de rôles. Il peut remplacer n'importe quel sociétaire au pied levé, et le prouve incessamment.

En somme, M. Dupont-Vernon, ayant tout ce qu'il faut pour être agréable, préfère se rendre utile....

Qui pourrait l'en féliciter ?

VILLAIN. — Plus de bonne volonté qu'on ne peut en employer dans la maison.

Qui sait si ce tragédien probablement méconnu ne se ferait pas apprécier plus complètement ailleurs ?

Qu'espère-t-il en restant là ?

Roger. — Son éloge a été prononcé en ces termes par Dumas :

— M. Roger met de l'agrément dans les utilités.

N'essayons pas de dire plus — ou mieux !

Leloir. — M. Perrin fut décidément bien inspiré en maintenant M. Leloir sur l'affiche, malgré l'incessante opposition que lui faisaient à ce propos les plus gros bonnets de la critique théâtrale.

De son côté, le jeune comédien tenant compte d'observations qui avaient leur raison d'être, est parvenu à arrondir les angles d'un talent incontestable mais âpre et rugueux au début.

Son comique, d'abord un peu amer, sans être encore empreint d'une franche gaîté, est devenu presque bon enfant.

Cela tient à ce que M. Leloir, renonçant à fouiller outre mesure le caractère déplaisant des personnages, cherche plutôt à rendre leur bouffonnerie extérieure au risque de ne plus passer pour un observateur caustique et profond.

Assurément il faut admettre, désirer même, que tout comédien soit, comme on dit au théâtre, dans l'esprit de son rôle.

En cela comme en tout, le mieux est l'ennemi

du bien ; M. Leloir a su le comprendre — heureusement pour lui et pour tout le monde.

Henry Samary. — Un premier prix prématuré, l'entrée d'emblée aux Français, la protection aveugle d'une famille puissante et bien en presse, un agréable début dans le *Menteur* et surtout l'odeur de lettres parfumées ; tout avait contribué, pendant les deux ou trois premières années, à rendre presque antipathique ce petit neveu des Brohan.

Mais la présomption et l'étourderie apparente du jeune et prétentieux débutant cachaient une *roublardise* de bon aloi.

Tout en se distinguant parmi les élèves insoumis, tout en affectant de dédaigner les observations de la presse et les conseils des anciens, M. Samary en faisait son profit.

Bon sang ne peut mentir. Peu à peu nous avons vu le petit frère de Jeanne Samary prendre très adroitement possession de divers rôles du répertoire moderne et y mériter les compliments de la critique.

Il faut toujours encourager les progrès, surtout lorsqu'ils sont aussi imprévus que ceux-là.

Continuez, mon jeune ami !

Clerh. — Pensionnaire utile aux Français,

mais indispensable à l'Odéon où nul n'a pu le remplacer depuis son départ.

Que ne retourne-t-il sur la rive gauche puisqu'il y tenait, sans partage, un emploi dont les titulaires sont si nombreux à la Comédie ?

GRAVOLLET. — Rempli de bonne volonté...
S'est attiré quelques menus compliments pour le petit bout de rôle que lui confia la bienveillance d'Octave Feuillet dans *Chamillac*.

C'est un petit commencement.

ALBERT LAMBERT FILS. — Celui-là, formé par un brillant stage chez Porel, a fait de très heureux débuts dans *Ruy Blas*.

Le *Cid* et *Bajazet* lui furent également favorables ainsi que sa création dans *Vincenette*, de M. Pierre Barbier.

Tragédien d'avenir, artiste dans toute l'acception du mot, il a su se faire, à distance très-respectueuse de son chef d'emploi, M. Mounet-Sully, une place extrêmement enviée par d'impuissants camarades.

M. Albert Lambert fils, si méritant qu'il soit par lui-même, bénéficie des sympathies qui s'attachent à son nom. Son père, le remarquable Louis XI de la Rive Gauche, qui ne dédaigne pas de correspondre avec la critique pendant ses loisirs de poète et de comédien, appartient à la fois au théâtre et au monde des lettres — par l'administration des postes.

LAUGIER. — On attendait merveille de ce lauréat acclamé.

Etait-ce un tort?

Oui et non...

M. Laugier promettait beaucoup : il promet toujours.

Et s'il tarde à tenir, c'est pour n'avoir pas su comprendre que le plus sûr, sinon le plus court chemin des triomphes du Conservatoire aux succès de la Comédie-Française passe par l'Odéon.

BERR. — Plus de talent qu'il n'est gros. Ne compte que quelques mois de présence sous les frises et s'est fait mettre plusieurs fois à l'ordre du jour.

Déjà très-aimé du public.

LEITNER. — Bel organe, excellente diction; physique déplorable pour la tragédie, acceptable dans la comédie.

M. Leitner a complètement échoué dans le Charles-Quint d'*Hernani* par lequel débute tout bon élève de M. Worms.

Ne lui tenons pas rigueur pour cela, puisque ce n'était que l'accomplissement d'une formalité et qu'il a été relativement moins malheureux dans le rôle trop lourd du *Misanthrope*.

Il est d'ailleurs fort difficile de préjuger les destinées ultérieures de tous ces nouveaux talents généralement dénués de particularités très caractéristiques.

Falconnier. — *Labor improbus omnia vincit*! il est incontestable que cet artiste est en progrès ; il pourrait maintenant doubler M. Roger.

Hamel — Se montre actuellement fort discret dans les tragédiens de comédie.

Reste l'avenir...

**
* **

Ici l'auteur s'embarrasse de plus en plus.

Il s'agit des femmes de la Comédie-Française.

Comment parler d'elles sans se faire autant d'ennemies ?

Chacune me pardonnerait de me montrer rigoureux pour elle-même... en faveur des méchancetés que pourraient m'inspirer les autres.

N'étant pas malveillant, je ne puis m'attirer de pareils titres à la reconnaissance des cœurs féminins.

D'autre part, une indulgence excessive me mettrait à dos(facheuse posture !) toutes celles qui n'admettent pas l'éloge pour les chères petites camarades — c'est-à-dire la presque totalité de nos divines comédiennes.

Que faire ?

Ma foi, je ne vois qu'une résolution à prendre : s'efforcer de dire, avec la courtoisie de rigueur, la vérité, toute la vérité, rien que la vérité.

Je conserve plus que jamais la devise déjà pratiquée plus haut :

Cruel ne puis, bénisseur ne daigne, sincère suis.

Et bravement, je me risque !

SOCIÉTAIRES

Suzanne Reichemberg. — Filleule et élève de Suzanne Brohan, la mère d'Augustine et de Madeleine.

Elle s'intitule elle-même la « Petite doyenne ».

Vingt années de succès et trente-cinq ans d'âge.

L'ingénue perpétuelle de la Comédie-Française semble maintenant à l'apogée d'une des plus belles carrières artistiques de notre temps.

Son délicieux talent atteint toujours, sans

effort et d'une première envolée, à la perfection dans ce qu'elle peut avoir de plus exquis.

D'ailleurs, on ne discute plus Reichemberg. L'a-t-on jamais discutée ?

Dès ses débuts dans Agnès, dès sa création des *Faux Ménages* de Pailleron, en 1868, l'enfant fut reconnue ravissante, l'artiste impeccable.

Elle n'avait encore que quinze ans !

Quant aux critiques, tous témoignent, les plus grincheux comme les plus bienveillants, d'une même admiration.

C'est la comédienne qui les divise le moins.

On ne sait plus quels termes élogieux, quelles formules complimenteuses employer pour elle et ce fut, chez tous les feuilletonistes une aubaine inespérée lorsque certaine création d'Ophélie permit de moins s'extasier, par extraordinaire et pour une fois seulement.

Réclamée par tous les auteurs, Suzanne Reichemberg fait, chaque année, un certain nombre de créations, tout en se prodiguant dans le répertoire.

Cette frêle et mignonne créature met au service de son art une énergie vraiment extraordinaire, trouvant, en dehors du service des spectacles et des répétitions, le moyen de se faire entendre dans des soirées où ses moindres monologues sont chèrement appréciés, et le temps de donner des leçons aux femmes du monde qui se croient douées pour le cabotinage de paravent.

Baretta-Worms. — En devenant Mme Worms, la charmante ingénue qui fut, comme Mlle Reichemberg, une si gentille Agnès, a renoncé à son premier emploi pour personnifier, mieux que qui que ce soit au théâtre, ce qu'on pourrait appeler « la jeune femme. »

L'emploi est créé. On dit couramment d'une actrice : « Elle joue les Baretta. »

« Les Baretta » ne sont pas, au théâtre, invariablement mariées ; mais ce sont toujours, jeunes filles, de petites personnes honnêtes et sensées chez lesquelles une sagesse aimable et souriante a remplacé la naïveté de l'ingénue.

Ces rôles sont presque exclusivement modernes ; l'Henriette des *Femmes Savantes* en est pourtant le plus parfait modèle.

Ce qui explique que ce personnage reste le monopole de Mme Baretta-Worms.

Sa beauté, respirant à la fois le charme et la droiture, sa diction précise, la simplicité de son élégance la rendent incomparable lorsqu'elle représente l'héroïne la plus sympathique de Molière.

Mme Baretta, élevant — ou croyant élever son ambition, délaisse parfois l'emploi qui porte son nom pour aborder les grandes jeunes premières,

Elle n'y apporte point la même supériorité.

Cependant je puis répéter pour elle ce que cer-

tains critiques ont dit de son mari dans le Stanislas de *Francillon* : de tels artistes tirent toujours leur épingle du jeu.

Emilie Broisat. — Il n'y a qu'un cri au théâtre et dans la presse : « Tout ce qu'elle fait est très-bien fait. »

Cela ressemble presque à une critique qui, en tout cas, ne serait nullement méritée.

Mme Broisat ne saurait être placée dans la catégorie peu intéressante des artistes, simplement correctes, qui n'ont pas le fameux « je ne sais quoi. »

Sans une supériorité réelle, elle ne sauverait pas tant de créations difficiles.

Ce qui lui manque, ce qui lui a toujours manqué c'est une occasion de se faire apprécier à sa valeur : un bon rôle de premier plan.

Malheureusement ces excellents rôles ne furent, ne sont et ne seront jamais pour elle.

Pourquoi ?

Ministère et discrétion !

JEANNE SAMARY. — Une qui n'a pas à se plaindre de la destinée — et qui le sait bien, car il est difficile d'avoir plus de belle humeur, de se montrer plus satisfaite d'être au monde.

Mme Samary reconnaît de bonne grâce que tout lui réussit.

Et cela lui permet d'apporter en scène cette franche gaîté qui l'a placée d'emblée au premier rang.

Pour nous, qui n'avons pu connaître Augustine Brohan que de réputation, il nous semble impossible qu'à aucune époque Madelon, Dorine, Lisette, Nicole, Marinette, Nérine, Toinette, Martine aient été représentées avec un talent plus franc, une allure plus vive, une

physionomie plus aimable, un plus heureux et plus réjouissant sourire.

Créée, mise au monde pour être une grande artiste et marcher de succès en succès, Jeanne Samary dissimule, sous une apparente insouciance, sous un enjouement que rien ne déconcerte, un profond amour de son art.

Cette jolie rieuse étudie sans relâche et se perfectionne dans les rôles où l'admiration publique l'acclame depuis ses débuts.

Les véritables amateurs du répertoire classique lui sont d'autant plus reconnaissants des efforts accomplis qu'ils en suivent les résultats ; et c'est pour eux une joie de haut goût que de la retrouver sans cesse supérieure à elle-même.

Même éclat dans le répertoire moderne. Le public qui raffole de Mme Jeanne Samary, lui a fait, dans l'*Etincelle* et dans le *Monde où l'on s'ennuie*, de véritables triomphes d'étoile. Aussi est-elle, avec ses camarades Reichemberg et Bartet, très demandée par les académiciens qui fournissent la maison.

C'est qu'avec des interprètes de cette valeur, on affronte plus sûrement le public parisien.

LLOYD. — On s'imagina, pendant la période des débuts, que Mme Lloyd ne disposait que d'un talent relatif.

Pourquoi ?... parce qu'elle était éblouissante de beauté ?...

Mon Dieu, oui : c'est souvent comme cela au théâtre.

On se plaint, là aussi, quand la mariée est trop belle.

La conséquence de cette aberration fut que M. Perrin, trop accessible aux parti-pris, laissa, dans l'ombre du classique et du petit répertoire en un acte, une comédienne de valeur, capable de se distinguer par d'agréables créations.

Ces erreurs n'ont qu'un temps.

La femme ne pouvait toujours nuire à l'artiste et l'autorité avec laquelle Mme Lloyd joue encore Elmire ou reprend des rôles tels que celui de la mère dans le *Marquis de Villemer*, devait triompher des mauvais vouloirs et des préventions.

Bartet. — La grande fortune de la Comédie-Française tint, sous M. Perrin, à des causes diverses parmi lesquelles il faut signaler la présence de deux femmes exceptionnelles, Sarah Bernhardt et Sophie Croizette.

Adoptées, acclamées pour leurs qualités contradictoires et se partageant la vogue grâce à des séductions artistiques fort différentes, elles contribuèrent également, parfois ensemble comme dans le *Sphinx* et l'*Etrangère* ; parfois isolées, l'une dans *Ruy Blas* et *Hernani*, l'autre dans le *Demi-Monde* et les *Fourchambault*, à la prospérité unique de notre illustre scène.

Privée presque simultanément de deux étoiles aussi radieuses, celle-ci ayant brillé sous d'autres cieux, celle-là étant devenue Mme Stern, la Comédie-Française dut s'estimer heureuse de pouvoir enlever au Vaudeville une comédienne aussi accomplie que Mlle Bartet.

Car s'il est très agréable d'avoir dans une troupe des femmes d'élite comme Mmes Reichemberg, Samary et Baretta-Worms, il ne reste pas moins un vide fâcheux dans l'ensemble lorsque ces grandes artistes ne tiennent en somme que des emplois souvent secondaires.

Je sais bien qu'elles savent les mettre au premier plan; mais alors cela devient de l'usurpation.

Le premier plan, celui que Sarah Bernhardt et Sophie Croizette occupaient par droit d'emploi et de talent, appartient aux grandes jeunes premières, aux grands premiers rôles, sans parler des grandes coquettes, malheureusement hors de cause jusqu'à nouvel ordre.

Le véritable succès de Mlle Bartet rue Richelieu, c'est d'avoir, dans ses belles créations de *Daniel Rochat*, de *Denise* et de *Francillon*, maintenu le prestige de son emploi et rétabli l'équilibre, un moment compromis, des distributions du répertoire moderne.

Mlle Bartet est aujourd'hui l'artiste indispensable aux auteurs dont l'œuvre comporte une véritable héroïne de comédie. La voix, flexible, tendre et délicieusement timbrée, développe sans efforts les intonations passionnées qu'exigent les fortes situations dramatiques; l'allure

est d'une rare distinction et je ne connais pas, dans la galerie de nos jolies contemporaines, une physionomie qui inspire mieux cette sympathie sans laquelle le talent perd le meilleur de sa séduction.

C'est plus qu'il n'en faut pour expliquer la prédilection de Dumas.

Pauline Granger. — Il a fallu sa belle création

des *Corbeaux* pour qu'on s'aperçût, un peu tard, que Mme Granger jouait bien la comédie.

Cela ne fit guère honneur à la clairvoyance de l'administration, de la critique et du public.

Toutefois, Mme Granger, soit qu'elle doutât d'elle-même, soit qu'une certaine difficulté de travail l'empêchât de saisir l'occasion qui se présente toujours au théâtre, n'a peut-être lutté qu'avec faiblesse contre les méchants tours de l'âpre destinée.

Sa modestie, par trop farouche, lui fit refuser d'excellents rôles.

Ce n'est pas ainsi qu'on fait les bonnes carrières.

Adeline Dudlay. — De nationalité belge, Mlle Dudlay — quel que soit d'ailleurs le résultat de ses efforts — n'opère cependant pas dans la contrefaçon de Sarah Bernhardt.

Tout ce qu'elle fait lui est personnel, ce qui n'implique pas l'existence absolue d'une personnalité.

D'abord contestée, Mlle Dudlay s'est emparée peu à peu de la faveur des gourmets de tragédie par l'énergie avec laquelle elle déclame les tirades de Camille et d'Hermione, ses deux meilleurs rôles,

Je doute qu'une seule actrice de ce temps se

soit adonnée aussi énergiquement à son art.

Fort instruite pour une tragédienne, celle-ci ne se contente pas de piocher le répertoire et

d'astreindre sa vie à toutes les sujétions professionnelles d'un genre ingrat entre tous.

Pour se perfectionner en s'élevant l'esprit et le goût, Mlle Dudlay s'est fait une érudition spéciale qui lui permet, lorsqu'elle rencontre un partenaire doctement entraîné, de disserter sur la tragédie de tous les temps, chez tous les peuples.

Il n'est pas d'ouvrages qu'elle n'ait lus, de critiques qu'elle n'ait méditées.

Femme de tête, dûment protégée contre les diversions du cœur, elle analyse à merveille les sentiments logiques de ses personnages afin de les exprimer d'une façon précise et rationelle avec les puissants moyens physiques dont elle dispose. Son talent, toujours en progrès, est appelé à grandir sans cesse et le jour viendra où elle aura acquis tout ce que peut donner l'étude à l'intelligence d'une artiste.

Et si ce jour-là, il manque encore quelque chose à Mlle Dudlay, c'est que ce « quelque chose » ne s'apprend pas.

BLANCHE PIERSON. — La façon spirituelle dont elle a joué dans *Francillon*, le rôle d'une raisonneuse aimable et mondaine, a fixé définitivement l'emploi qu'il faut lui faire tenir.

Ancienne jeune première au Gymnase, puis grand premier rôle au Vaudeville, Mlle Blanche

Piérson devient Mme Desgenais à la Comédie-Française.

Elle excelle dans la chronique parlée.

Avis à MM. les auteurs !

MULLER. — On a dit d'elle : « C'est un Greuze ! » ou bien encore : « C'est une statuette de pâte tendre ».

Le fait est que la petite Muller, jolie, mignonne et gracieuse comme on ne l'est pas autour d'elle, rappelle la fameuse *Jeune fille à la Cruche cassée.*

Impossible, en scène, de paraître jolie à côté de cette exquise personne.

Dans Agnès, qu'elle idéalise littéralement au physique, Mlle Muller semble sortir d'une bonbonnière.

Avec cela, un talent très agréable et des admirateurs dévoués : tout ce qu'il a fallu pour devenir sociétaire avant l'âge.

Céline Montaland — La dernière sociétaire nommée.

Avec une carrière mieux ordonnée, il y a vingt ans, au moins, que c'eût été chose faite.

Céline Montaland, qui débuta vers l'âge tendre de cinq ans, qui créa l'enfant dans *Gabrielle* aux Français, la *Fille mal gardée* au Palais-Royal et tant d'autres pièces écrites pour son précoce talent, ne fut pas ensuite l'artiste insignifiante que deviennent trop souvent les petits prodiges de la scène.

Sa grâce, son intelligence, son instinct exceptionnel du théâtre, grandirent avec elle.

Je ne parle pas de sa merveilleuse beauté qui, si longtemps, resta sans rivale et qui eût contribué à en faire une Célimène incomparable si Montaland avait eu le bonheur, à l'âge voulu, de faire des études régulières au Conservatoire pour revenir ensuite prendre, rue Richelieu, la grande place qui pouvait, — qui devait être la sienne.

Avec les dons les plus heureux que le hasard puisse réunir chez une seule femme de théâtre, Céline Montaland eut l'existence artistique la plus baroque, la plus décevante pour ses véritables amis.

Jadis, elle sembla se fixer au Gymnase, puis au Vaudeville : c'était le salut !

Mais, chaque fois, l'espoir fut trompé. Toujours elle revenait aux chanteuses de boléros

excentriques, aux commères de revues, à la reine Bacchanal !

Enfin, sa remarquable création du *Jack* de

Daudet, à l'Odéon, rendit possible son entrée à la Comédie Française.

Elle y a pris rang, grâce à ses succès si personnels du *Parisien* et de la *Vieillesse de Scapin*, grâce à la façon satisfaisante dont elle recueillit l'héritage de Madeleine Brohan dans le *Monde où l'on s'ennuie*, grâce enfin à son intéressante interprétation de Dorine.

La voilà même *sociétarisée*.

N'importe ! si consolants que soient ces résultats... tardifs, on se dira toujours, songeant à ce qu'aurait du être Céline Montaland :

— Quel dommage !

PENSIONNAIRES

Tholer. — Jolie femme et comédienne assez adroite, Mlle Tholer resta longtemps parmi les « petites ».

Comme les bons crûs du Médoc, elle s'était améliorée en voyageant et nous revint, un beau soir, mieux disante et plutôt en progrès.

Seule la marquise de Prie lui fut favorable ; mais on ne peut jouer *Mademoiselle de Belle Isle* tous les jours !...

Mlle Tholer, éloignée de la scène depuis longtemps, a du laisser liquider sa retraite de sociétaire.

Sa situation actuelle est celle de pensionnaire en congé.

FAYOLLE. — Doyenne du pensionnat féminin par suite du départ de Mlle Martin.

Après avoir joué longtemps les *Inutiles* à Cluny et s'être brillamment révélée dans ce joli chef-d'œuvre de Cadol, Mlle Fayolle, lasse de végéter aux Français dans les inutilités, prit assez récemment le parti héroïque d'aborder les duègnes.

L'idée était heureuse puisque Mlle Fayolle s'empare, peu à peu, des rôles laissés par Mme Jouassain.

Plus heureuse que bon nombre de camarades, la voilà pourvue.

FRÉMAUX. — Bonne élève, studieuse, assidue, toujours prête à se rendre utile dans les petites occasions.

Un peu mélancolique dans les ingénues.

LEROU. — Tient, sans partage, tout ce qui concerne l'emploi des mères tragiques.

Incontestable talent, voix puissante et bien timbrée, diction supérieure, intelligence remarquable : le tout gâté, compromis, annihilé par une physionomie trop pittoresque.

Nous n'y pouvons rien — elle non plus.

Seulement, il me semble que Mme Lerou — qui n'a quitté le Théâtre-Français que temporairement, trouverait plus fréquemment l'emploi de ses grandes qualités sur une scène de drame.

AMEL. — Mme Amel, quoique jeune, a, pour les rôles de duègnes, une prédilection d'autant plus tenace que les coquettes méchantes, les troisièmes rôles lui réussissent un peu moins.

Seulement, Mlle Fayolle la gêne beaucoup.
Ah ! s'il n'y avait pas Fayolle !

KALB. — La seconde soubrette de la maison.
Mais il n'y a pas humiliation à avoir pour chef d'emploi une Jeanne Samary. On peut encore être soi-même une charmante artiste du plus agréable talent.

C'est le cas de Mlle Kalb, très aimée du public parisien dans certains rôles du répertoire.

On l'applaudit surtout quand elle joue la Georgette de l'*Ecole des Femmes* ; elle y est impayable de drôlerie et d'ahurissement.

PERSOONS. — L'une des plus élégantes et des plus jolies coquettes modernes.

Arrivée aux Français par le Gymnase, Mlle Persoons devait s'acclimater promptement, ayant les qualités de distinction, le tact, l'aisance aimable que les auteurs rencontrent si difficilement pour certains rôles mondains qui ont leur importance.

Hadamard. — Encore une future sociétaire.
Sortie du Conservatoire avec un premier prix de comédie; longtemps applaudie à l'Odéon; ayant complété son excellente éducation par l'étude; consacrée enfin par la faveur du public parisien, Mlle Hadamard devait entrer de droit au Théâtre-Français.

La souplesse de son talent, son impeccable diction, sa connaissance des traditions classiques lui ont facilité d'heureux débuts dans cet admirable rôle d'Andromaque, dont elle fait une héroïne fière et touchante, incapable de dissimuler, même par politique maternelle, les larmes de l'épouse en deuil.

Cette interprétation, bien personnelle, motiva entre Mlle Hadamard et M. Sarcey, qui, lui, entend que la veuve d'Hector déploie, dans une certaine mesure, une coquetterie nécessaire à l'apaisement du farouche et amoureux Phyrrhus, un échange de vues qui prit tout l'intérêt d'une polémique sans en avoir l'amertume.

En dehors de ses premiers succès d'*Andromaque,* du *Cid* et de *Bajazet*, Mlle Hadamard doit avoir la légitime ambition de se faire applaudir dans ces rôles de comédie, faits de tendresse et de sensibilité, pour lesquels la Comédie manque de titulaires autorisées.

Mimi de la *Vie de Bohême*, la Claudie de Georges Sand ne pourraient guère, le cas échéant, être jouées par une autre.

C'est pour cela que nous voudrions, d'accord avec les habitués du théâtre, voir Mlle Hadamard prendre possession de *Mademoiselle de Belle Isle* et surtout de Caroline de Saint-Geneix, du *Marquis de Villemer*.

Du Minil. — Le désir d'entrer à la Comédie-Française, au sortir du Conservatoire, compromet trop souvent, hélas! les destinées futures d'élèves bien stylées.

Que des sujets brillants, que des artistes faits ne fassent qu'un bond de la salle des concours à la scène des Coquelin et des Reichemberg : d'accord.

Mais je connais, dans la troupe de M. Clarétie, une bonne dizaine de Guzman des deux sexes, en y comprenant la très charmante Mlle Du Minil, dont la jeune témérité ne connaît vraiment pas assez d'obstacles.

Le stage de l'Odéon vous eût été profitable, Mademoiselle !

Brandès. — On ne peut que préjuger son avenir aux Français.

Toutefois, après ses admirables créations, ses succès retentissants au Vaudeville et l'importance de l'emploi qu'elle est appelée à

prendre rue Richelieu, il est permis d'espérer qu'elle y tiendra l'une des premières places.

Sans compromettre la faveur acquise par Mlle Bartet, dont la radieuse supériorité me semble hors d'atteinte, Mlle Brandès partagera avec elle les grandes créations modernes et les distingués fournisseurs de grands succès locaux feront une belle part à ses rares qualités dramatiques.

Ses emportements, sa véhémence, ses élans de passion fougueuse devaient terriblement la gêner lorsqu'elle consentit, par dévouement pour son nouveau théâtre, à remplacer Mlle Bartet dans *Francillon*.

Par ce début (qui n'en fut pas un, puisqu'il y avait simplement service rendu) Mlle Brandès a fait preuve de talent et, ce qui est encore plus appréciable : d'autorité.

On a beaucoup discuté la nouvelle *Francillon*; elle devait l'être n'ayant pu donner là sa note vraie.

C'est une création qu'il faut à Mlle Brandès.

—

Rachel Boyer. — Le besoin d'une troisième soubrette ne se faisait pas sentir.

Mais Rachel est si jolie!

Segond-Weber. — Depuis son triomphant début à l'Odéon, dans les *Jacobites*, nous ne comptons plus les déceptions que nous a ménagées cette jeune et pourtant très intelligente tragédienne.

On pourrait espérer un de ces relèvements familiers aux natures prime-sautières, si Mme Segond-Weber, illusionnée par de détestables flatteurs,

> présent le plus funeste
> Que puisse faire aux rois la colère céleste

avait seulement conscience de certains insuccès.

La malheureuse femme croit avoir brillamment débuté dans *Hernani*.

Elle prend sa roche Tarpéienne pour un Capitole.

Pas de remède.

Ludwig. — Encore une soubrette!...

Il est vrai que celle-là est encore assez jeune pour prendre un jour ou l'autre, l'omnibus de l'Odéon (aller et retour.)

Maria Legault. — On renonce à s'expliquer ce désir tardif d'entrer dans la troupe qu'elle avait fuie, au risque d'un gros procès, il a y douze ou treize ans.

Jamais Mlle Maria Legault ne retrouvera aux Français, même en jouant Célimène à sa manière (qui n'est pas la meilleure), la situation qu'elle y eût conquise en temps opportun.

Toutes les places qui pourraient lui convenir sont prises, bien prises.

Pourquoi ne pas s'en tenir aux jolies créations que lui valait, dans d'autres théâtres, la reconnaissance de Gondinet, de Sardou, de Meilhac et de tant d'autres auteurs dont elle assura quelquefois le succès ?

Lainé. — Voilà une jeune personne certainement ravie de venir augmenter l'encombrement d'inutilités pour la seule joie d être « de la Comédie-Française » Elle est bien avancée — maintenant qu'elle a débuté dans le *Malade imaginaire !*

Son succès de *Germinal* la désignait pourtant, comme ingénue de drame ; sa place serait à l'Ambigu ou à la Porte-Saint-Martin, pour une reprise des *Deux Orphelines*.

Nancy-Martel. — Pourquoi a-t-on tant discuté son engagement? Mlle Nancy-Martel a, sur d'autres nouvelles venues, le très sérieux avantage de tenir l'emploi de grande coquette pour lequel sa taille, sa beauté un peu hautaine, son élégance aristocratique, sa distinction naturelle, la désignent impérieusement.

Cette jeune comédienne, désireuse de compléter un heureux ensemble de qualités personnelles par l'étude, n'a pu acquérir encore l'autorité qu'exigent les rôles qui lui peuvent être confiés. Mais on peut attendre beaucoup d'une jolie femme capable d'efforts soutenus et dont la vocation s'affirma, depuis ses débuts à l'Odéon, par d'incessants progrès.

Depuis la publication des chapitres qui précèdent dans la « Vie Moderne », quelques faits se sont produits rue Richelieu.

Notons, parmi les plus importants : l'engagement de deux premiers prix de Comédie du Conservatoire : Mlle Bertiny et M. Cocheris; l'agréable succès du « Baiser », fantaisie poétique, saynète funambulesque de M. Théodore de Banville, et le grand triomphe personnel de Got dans le « Flibustier », de M. Richepin; la réception de deux nouvelles pièces : la « Jeune fille », de M. Émile Bergerat, « Mahomet », de M. de Bornier ; la démission attendue de M. Maubant comme membre du comité et la rentrée fort imprévue du doyen dans ce même conseil administratif ; enfin le départ probable de Mme Segond-Weber, quittant d'elle-même l'ingrate rive droite pour retourner à l'Odéon, afin de reconquérir, sur la scène de son seul grand succès, une vogue dès longtemps compromise.

Un « erratum » : le seul !

Les typographes (on n'est jamais trahi que par ceux-là!) me font orthographier, par un « a » — voir page 184 — le nom d'un musicien connu et apprécié : M. Jules Cohen.

Mes lecteurs auront fait d'eux-mêmes cette rectification d'Etat Civil au profit du compositeur des « Bluets ».

*
* *

Et maintenant, nous ne saurions mieux terminer qu'en rappelant l'événement le plus important qui ait eu lieu, depuis quelques mois, pour la Comédie Française.

Son Administrateur général, M. Jules Claretie, ex-

Président de la Société des Gens de lettres, a été nommé membre de l'Académie Française.

En offrant un de ses quarante fauteuils à l'auteur, au romancier, à l'historien dont le bagage littéraire, le caractère et l'aimable personnalité justifiaient si bien cette haute distinction, l'Illustre Compagnie n'a pas seulement honoré, mieux qu'elle ne le fit en certains cas, le véritable monde des écrivains, elle a aussi singulièrement flatté l'amour-propre des Comédiens, heureux et fiers de voir encore s'élever la situation de leur très sympathique directeur.

Le nouvel académicien fut, en cette circonstance mémorable, l'objet d'une manifestation collective et prévue — mais fort touchante quand même. Il semblait que le grand honneur fait à l'Administrateur général fût de partage avec les administrés. Chacun s'attribua quelques palmes et plus d'un sociétaire en arriva à se dire, après avoir félicité M. Claretie :

— Nous autres Immortels !...

FIN

www.ingramcontent.com/pod-product-compliance
Lightning Source LLC
Chambersburg PA
CBHW060400170426
43199CB00013B/1940